AF489619

ENRIQUE GIMBERNAT ORDEIG
Catedrático emérito de Derecho Penal de la Universidad
Complutense de Madrid

PRESUNCIÓN DE INOCENCIA, TESTIGOS DE REFERENCIAS Y CONSPIRACIÓN PARA DELINQUIR

DICTAMEN SOBRE LA VIOLACIÓN MASIVA DE TODAS LAS GARANTÍAS JUDICIALES EN UN PROCESO BASADO EN REFERENCIAS DADAS POR PERIODISTAS SOBRE HECHOS DE LOS CUALES NI SIQUIERA FUERON TESTIGOS REFERENCIALES

Con Notas de Presentación de
ALLAN R. BREWER-CARÍAS Y LEÓN HENRIQUE COTTIN

Edición al cuidado de
Carlos Antonio Agurto Gonzáles
Sonia Lidia Quequejana Mamani
Benigno Choque Cuenca

Título: Presunción de inocencia, testigos de referencias y
        conspiración para delinquir
Dictamen sobre la violación masiva de todas las garantías
judiciales en un proceso basado en referencias dadas por
periodistas sobre hechos de los cuales ni siquiera fueron
testigos referenciales

© Enrique Gimbernat Ordeig

© Ediciones Olejnik
  Huérfanos 611, Santiago - Chile
  E-mail: contacto@edicionesolejnik.com
  Web site: http://www.edicionesolejnik.com

ISBN: 978-956-392-998-0

Diseño de Carátula: Ena Zuñiga
Diagramación: Luis A. Sierra Cárdenas

La primera edición de Ediciones Olejnik fue impresa en Argentina, 2

La reimpresión en coedición entre Ediciones Olejnik y Editorial Jurídica
Venezolana fue impresa por Lightning Source, an Ingram Company,
para Editorial Jurídica International Inc., 2021

ÍNDICE

INTRODUCCIÓN

En mi ya larga vida profesional nunca he emitido un Dictamen en cuyo contenido y conclusiones no creyera, habiendo rechazado suscribir cualquier opinión jurídica en el caso de que ésta no estuviera de acuerdo con lo que, según mi leal saber y entender, era aquello que regía conforme a Derecho.

Mis dos Dictámenes que se contienen en este libro deben ser entendidos, por tanto, como si se trataran de las tomas de posición que, aplicando la metodología jurídica, adopto en mis libros y artículos de carácter estrictamente científico, después de haberme informado de los textos jurídicos aplicables y de las fuentes jurisprudenciales y doctrinales.

Sobre el origen de estos dos Dictámenes me remito a la Nota de Presentación del Dr. Allan Brewer-Carías. Pero, de acuerdo con lo que acabo de exponer anteriormente, creo que la utilidad de esta publicación reside, no sólo en poner de manifiesto el atropello jurídico -me faltan adjetivos para calificar su enormidad- del que ha sido objeto el Dr. Brewer en la República Bolivariana de Venezuela, sino que confío también en que este libro, y ya con carácter general, sirva de información crítica al lector para comprender cuáles son los contenidos -con sus diversas manifestaciones- de los derechos fundamentales de defensa y a la presunción de inocencia, tal como se recogen de manera unánime en los textos internacionales y nacionales de derechos humanos, así como para delimitar los elementos típicos de la institución juridicopenal de la conspiración.

Con posterioridad a mi primer encuentro con el Dr. Brewer-Carías en Santiago de Chile, en marzo de 2005, ciudad en la que me encontraba impartiendo un curso universitario, y en la que asumí el encargo para la elaboración de estos dos Dictámenes que ahora se publican, he tenido la oportunidad de volver a encontrarme con él en algunos actos académicos celebrados en Madrid y que contaron con su participación. Y he quedado impactado tanto por su sabiduría jurídica como por sus excepcionales calidades humanas. De ahí que considere un privilegio no sólo el haber contribuido a la defensa del Dr. Brewer-Carías en una concreta «causa justa», sino también a la de un hombre justo y honrado.

Madrid, mayo de 2021

Enrique Gimbernat Ordeig
Catedrático emérito de Derecho penal de la Universidad Complutense de Madrid

ENRIQUE GIMBERNAT Y SU «PERPLEJIDAD,» COMO GRAN JURÍSTA, ANTE EL «MUNDO AL REVÉS» DEL MINISTERIO PÚBLICO DE VENEZUELA

Allan R. Brewer-Carías
Profesor emérito, Universidad Central de Venezuela
Individuo de Número de la Academia de Ciencias Políticas y Sociales

I

Este libro contiene dos importantes dictámenes del profesor Enrique Gimbernat Ordeig, de los más destacados y reconocidos especialistas españoles en derecho penal, expresando su opinión jurídica sobre el texto de la imputación que formuló en mi contra el Ministerio Público en Venezuela, el día 27 de enero de 2005, por el delito de «rebelión» por supuestamente haber yo «conspirado» para «cambiar violentamente la Constitución» de mi país, atribuyéndome falsamente el haber redactado el decreto que emitió el Sr. Pedro Carmona al asumir la Presidencia de la República el 12 de abril de 2002 por encargo del Alto Mando Militar del Presidente Hugo Chávez, luego de que dicha institución anunciara públicamente su renuncia, «la cual aceptó».[*]

Su conclusión fue que, en mi caso, en el paródico juicio penal que se inició en mi contra con dicha falsa imputación, se *violaron masivamente todos mis derechos y garantías judiciales*, especialmente mis derechos a la presunción de inocencia y a la defensa, explicando en sus dictámenes, detalladamente, las razones de dichas violaciones, no sin dejar de expresar su *desconcierto y perplejidad* como profesor de derecho penal y luego de leer la imputación formulada en mi contra, indicando que permanecía *asombrado y desconcertado* no sólo porque el Ministerio Público me atribuyó participación en un hecho punible con base en «declaraciones de supuestos testigos de referencia» que no identificaron su fuente, pero que en definitiva ninguno me imputó nada; sino porque:

---

[*] Véase sobre esos hechos lo que escribí apenas ocurrieron en Allan R. Brewer-Carías, *La crisis de la democracia venezolana. La Carta Democrática Interamericana y los sucesos de abril de 2002*, Los Libros de El Nacional, Colección Ares, Caracas 2002, 263 pp.

*«dicho Ministerio Fiscal, mediante un proceso discursivo **irrazonable e irrazonado, ilógico, incoherente y contrario a las reglas del criterio humano**, transforma en pruebas de cargo lo que son inequívocamente pruebas de descargo».*

El asombro, el desconcierto y la perplejidad del profesor Gimbernat se resume en su apreciación general de que después de haber estudiado la imputación, le había quedado:

*«la impresión de haber entrado en **un mundo al revés** donde lo que son elementos probatorios de descargo se convierten, para el Ministerio Fiscal, y como por arte de magia, en elementos probatorios de cargo».*

II

Igual perplejidad fue la que yo tuve en enero de 2005, estando en Caracas, cuando me enteré por la prensa que una Fiscal del Ministerio Público anunciaba que me imputaría por el delito de conspiración para cambiar violentamente la Constitución, es decir, por el delito de rebelión, por supuestamente haber yo redactado el decreto de transición democrática que se había emitido tres años antes, el 12 de abril de 2002, a raíz de la anunciada renuncia del presidente Hugo Chávez a la Presidencia de la República.

Como yo no había redactado dicho decreto ni había conspirado en forma alguna para cambiar violentamente la Constitución de Venezuela, unos días después, el día 20 de enero de 2005, acudí junto con mi apreciado amigo, antiguo alumno y abogado León Henrique Cottin, espontánea e inmediatamente ante la entonces Fiscal Sexta del Ministerio Público, Sra. Luisa Ortega Díaz - quien no nos atendió -, y consigné una exposición escrita explicando cuál había sido mi participación en los hechos acaecidos en la madrugada del día 12 de abril de 2002.

En esa ocasión, el Sr. Pedro Carmona, a quien los mismos militares que anunciaron la renuncia de Chávez habían llamado para que se encargara de constituir un gobierno de transición, me requirió para que, como abogado, le diera mi opinión jurídica sobre un proyecto de decreto para la constitución de un gobierno de transición que le habían entregado; la cual le di directamente por teléfono al fin de la tarde de ese mismo día, argumentándole en contra de lo que contenía el proyecto de decreto que se me había mostrado en la madrugada de ese día, por violar el principio democrático.

La explicación escrita que consigné ante la Fiscal, recogía básicamente lo que yo había expuesto también voluntaria y espontáneamente sobre los mismos hechos con anterioridad, casi tres años antes, el 3 de junio de 2002, ante el entonces Fiscal José Benigno Rojas, al enterarme en aquella oportunidad también por la prensa, de la denuncia que había presentado un coronel activo del Ejército de nombre Ángel Alberto Bellorín, quien se limitó a narrar hechos reseñados por periodistas, sin acusar a nadie específicamente. Confiaba que, con la explicación dada, como antes lo había hecho el Fiscal Rojas, la Fiscal

Ortega desistiría de la descabellada idea de imputarme por la comisión de un delito que no había cometido, pues ni había conspirado ni había redactado el mencionado decreto.

Sin embargo, cuán errado estaba en haber pensado que esta Fiscal actuaría conforme a derecho, por no haber captado en ese momento que lo que se estaba iniciando en mi contra, aun cuando tardíamente, era un proceso de persecución política por orden del régimen de Chávez usando una excusa amañada, siendo dicha Fiscal un simple instrumento para ello, como luego quedó demostrado por sus ejecutorias durante los tres lustros siguientes como instrumento de las persecuciones políticas del régimen contra toda la disidencia en el país.

Mi error se confirmó solo pocos días después, cuando acudí de nuevo espontáneamente ante la Fiscal el día 27 de enero de 2005, lo que hice en compañía, de mis amigos y abogados los profesores León Henrique Cottin y Pedro Nikken, donde injustamente se me imputó la comisión del delito de «rebelión» por supuestamente haber yo «conspirado» para «cambiar violentamente la Constitución» de mi país con ocasión de los hechos ocurridos luego de que el Alto Mando Militar del presidente Chávez anunciara públicamente que había solicitado su renuncia.

En dicha imputación, por supuesto, la Fiscal no mencionó quienes habían sido los otros supuestos «conspiradores» con quienes yo me habría supuestamente «reunido» a conspirar (como delito colectivo, por conspiración no se puede imputar de los hechos a una sola persona), y más grave, sin mencionar en qué consistió la «violencia» que pude haber ejercido, ni contra quién, o qué arma habría yo usado, ni cuándo la usé, salvo que se refiriera a la pluma fuente de escribir; y todo, porque unos periodistas que no habían estado en el lugar de los supuestos hechos, simplemente habían comentado o especulado sobre los mismos, y con base en chismes que habían recibido, armaron «un cuento,» como lo calificó el mismo Fiscal General de la República de entonces, el Sr. Isaías Rodríguez.

En esa forma fui «condenado» por la opinión formada por periodistas, convirtiéndose ello en lo que hoy se calificaría como una «posverdad» basada en lo que igualmente hoy podría calificarse como *Fake News*, es decir, la difusión masiva de información falsa (desinformación) que se puso en circulación, a sabiendas de su falsedad y con la intención de dañar.

III

Pedro Nikken, León Henrique Cottin y yo, al oír en aquel acto la imputación que hizo la Fiscal acusadora leyendo de viva voz – en forma tediosa por lo demás – el escrito que había preparado, sabiendo todos que yo no había redactado el tal decreto de gobierno de transición; lo que primero constatamos fue que efectivamente la imputación formulada por la Fiscal se basaba exclusivamente en recortes de prensa y en videos contentivos de opiniones de periodistas que se referían a hechos de los cuales ellos no habían sido testigos, siendo uno de ellos a lo sumo solo testigo de referencia, pero quien nunca identificó su fuente.

Esos recortes y videos eran los mismos que habían sido consignados tres años antes, ante el Ministerio Público, en mayo de 2002, por el mencionado militar activo del Ejército coronel Ángel Alberto Bellorín, quien había acudido con ellos como denunciante – como luego diría «no de personas sino de hechos» –; denuncia que había presentado - y ello era lo más grave - por instrucciones del «alto gobierno,» tal como me lo confirmó a mí, personalmente, la abogada penalista que había redactado dicha denuncia.

Con ella, en efecto, me reuní, sin saber ese y muchos otros «detalles» de su involucramiento en el caso, a petición mía, luego de mi mencionada comparecencia espontánea del 20 de enero ante el Ministerio Público. La abogada penalista había ido a mi Despacho de Abogado unas semanas antes para consultar mi opinión sobre un caso de derecho administrativo, por lo que, por reciprocidad profesional, siendo ella especialista en materia de derecho penal, pensé que podía ser útil tener su opinión sobre el caso en el cual se me acusaba, y sobre la Fiscal a cargo de este.

Nos vimos en su Escritorio de Abogado el 24 de enero de 2005, y al plantearle el motivo de mi visita me aclaró muy profesionalmente que ella estaba asistiendo a Chávez en materia penal, que era amiga de la Fiscal Ortega y que yo, por tanto, «estaba en la acera de enfrente». En la conversación franca que tuvimos – y no puedo dejar de recordar el dicho popular de que definitivamente «Dios protege al inocente» -, llegó incluso a decirme con satisfacción que ella misma había sido la que había redactado el texto de la denuncia presentada por el coronel Bellorín en 2002, la cual, además, a su modo de ver – dijo - «estaba muy bien escrita».

Al despedirme, le expliqué que, por lo infundado de la imputación, confiando en la justicia y el derecho, y en lo que me decía de la seriedad de la Fiscal Ortega, como yo no había redactado el famoso decreto del 12 de abril de 2002 sobre el cual solo había dado una opinión jurídica incluso contraria a su contenido, iba a seguir el proceso penal que se iba a iniciar e iba a defenderme ante la Fiscalía para demostrar que no había base alguna para que se formulara acusación en mi contra. Dicho eso, lo que me recomendó, al despedirse, fue que me defendiera «hasta que fuera necesario...»

Tres días después oí con asombro la imputación formulada en mi contra, con la cual, lo que me quedó confirmado fue mi temor de que lo que se estaba iniciando en mi contra no era otra cosa sino una clara persecución política.

IV

La denuncia que sirvió para la imputación presentada por el coronel Bellorín, como el mismo denunciante lo confesó años después, el día 4 de septiembre de 2013 en la audiencia pública que tuvo lugar ante la Corte Interamericana de Derechos Humanos en el caso *Allan R. Brewer-Carias vs.*

Venezuela, la formuló en su condición de militar activo que era del Ejército, *con el deliberado y único propósito de involucrar a civiles*, algunos de ellos profesores de derecho público en las Universidades de Caracas, en los hechos ocurridos el 12 de abril de 2002 que había sido un *hecho exclusivamente de carácter militar.* Bellorín expresó que ello lo hizo porque consideró que, hasta ese momento, en la prensa sólo se mencionaba a unos pocos militares como participantes en una asonada, en la cual el Alto Mando Militar del Presidente Hugo Chávez anunció públicamente que lo había removido de su cargo al solicitarle a éste su renuncia.

Por ello, ante una pregunta del abogado del Estado en la audiencia ante la Corte Interamericana de septiembre de 2013, Bellorín aclaró que la denuncia la había presentado «como abogado, como constitucionalista, y como un oficial que en ese momento veía que *le estaban echando toda la culpa únicamente a cuatro militares,»* diciendo: «yo denuncié la comisión de un delito, *yo no acusaba a nadie,»* aclarando además, que si había nombrado a civiles, lo hizo – así lo dijo - porque el escrito *«lo hice con mucha rapidez»*, y *«por la ligereza en ese momento, la poca experiencia que tenía».*

Al responder a una pregunta que le formuló mi abogado Pedro Nikken, el militar agregó que «lamentablemente» había sido «la prensa» la que mencionaba a civiles, entre ellos «el Dr. Brewer, no tengo nada en contra del Dr. Brewer Carias,» agregando «a ninguno los conozco, pero solamente reproduje lo que estaba en la prensa».

Es decir, la denuncia del coronel Bellorín de mayo de 2002, solo se basó en recortes de periódicos de artículos y opiniones de periodistas, en los cuales irresponsablemente se involucraba a civiles sólo porque así lo comentaban unos periodistas que no habían sido testigos de nada, pero cuidándose el Coronel de no acompañar al legajo de recortes de comentarios periodísticos que anexó a su denuncia, absolutamente ninguna de las múltiples reseñas de prensa contentivas de los desmentidos que yo mismo había formulado a partir del día 14 de abril de 2002, incluso en «rueda de prensa» celebrada el día 16 de abril de 2002, en los cuales quedaba aclarada la razón de mi presencia en Fuerte Tiuna en la madrugada del 12 de abril de 2002 donde había sido llamado como abogado, para dar una opinión legal.

El texto de la imputación formulada por la Fiscal Ortega, en todo caso, no fue otra cosa sino un burdo y programado «recorte y pega,» es decir, una copia fiel y ciega de esa denuncia redactada por su amiga, la abogada penalista de Chávez, y presentada por un militar activo, el coronel Bellorín, por orden del «alto gobierno,» careciendo de los más elementales elementos que pudieran darle sustento a una imputación penal.

V

Apenas ocurridos los hechos de abril de 2002, y luego de tener noticias sobre la denuncia del coronel Bellorín y acudir ante la Fiscalía espontáneamente a declarar el día 3 de junio de 2002, le solicité un dictamen jurídico a uno de los más destacados penalistas de Venezuela, el profesor Alberto Arteaga, mi amigo desde los tiempos de estudiantes en la Facultad de Derecho de la Universidad Central de Venezuela, donde además, después, durante varios lustros coincidimos como profesores, cuando él ejercía la dirección del Instituto de Derecho Penal y yo la dirección del Instituto de Derecho Púbico; para que me diera su opinión sobre el caso y sobre mi participación como abogado, a quien se le había solicitado dar una opinión legal sobre el proyecto de decreto del gobierno de transición democrática.

El día 26 de julio de 2002 el Dr. Arteaga me remitió su Dictamen[*] en el cual al hacer «referencia a la actuación del Allan R. Brewer-Carías en relación con los hechos ocurridos el 11 de abril del 2002 y en los días anteriores y posteriores a esa fecha,» concluyó expresando lo siguiente:

«Como es verificable, el Dr. Brewer-Carías llegó a Venezuela, de regreso de compromisos internacionales, el día 8 de abril de 2002 y su relación con los acontecimientos, se limitó a emitir su opinión profesional sobre materias de su competencia, sobre un documento o proyecto de decreto de un sedicente Gobierno de transición.

Esta actuación es absolutamente legítima y ajustada a la ley. En ella no pueden identificarse elementos objetivos ni subjetivos de autoría o participación en una rebelión o conspiración, que no existió en la realidad y que, si se hubiese dado o alguna autoridad pudiese llegar a considerar que tuvo lugar, tampoco pueden identificarse tales elementos; y sus opiniones sobre el asunto que le fue planteado, constituyen la expresión legítima del ejercicio de un derecho y, específicamente, del ejercicio de la profesión de abogado y consultor en materia de Derecho Público, especialidad que ostenta el Dr. Brewer-Carías.

Resulta absurda la simple pretensión de sancionar a quien emite un dictamen o expresa una opinión jurídica, actuación conforme a derecho, de la cual no puede derivar ninguna consecuencia penal y que, sencillamente, es ajena totalmente a las conductas descritas en los tipos aludidos del Código Penal que antes han sido mencionados.

La autoría en materia penal o la coautoría, demanda la adecuación a la conducta descrita en la ley, que no es otra que la realización de actos de rebelión o alzamiento violento contra el Gobierno, o la conspiración con el fin de cambiar violentamente la Constitución; y la participación, a cualquier título, como cooperador, cómplice o auxiliador, exige, no solo la contribución material al hecho incriminado, sino la convergencia en la

---

[*] El texto del Dictamen del profesor Arteaga fue publicado en el libro: Allan R. Brewer-Carías (Editor), *Persecución política y violaciones al debido proceso. Caso CIDH Allan R. Brewer-Carías vs. Venezuela ante la Comisión Interamericana de Derechos Humanos y ante la Corte Interamericana de Derechos Humanos*. TOMO II (Dictámenes, Estudios Jurídicos y *Amicus Curiae*), Colección Opiniones y Alegatos Jurídicos, No. 16, Editorial Jurídica Venezolana, Caracas 2015, 796 pp.

culpabilidad, por lo cual resulta imprescindible que quede acreditado que el partícipe tenía consciencia de lo que se proponía el autor o los coautores y dirigió su voluntad hacia el hecho objeto del conocimiento.

En el presente caso, no me cabe la menor duda de que no se da elemento alguno que pueda ser calificado como de típico, ilícito o reprochable, por lo que respecta a la conducta del Dr. Allan R. Brewer-Carías, en relación a los sucesos del 11 de abril y antes o después de esos hechos; y no ha sido desvirtuada, en forma alguna, su versión, confirmada por su retiro de Miraflores antes de la lectura del cuestionado decreto del sedicente Gobierno de transición, ante su manifiesta opinión contraria al contenido del documento, a la luz de exigencias constitucionales y de la Carta Democrática Interamericana.

El Dr. Allan R. Brewer-Carías, por lo tanto, simplemente se limitó a una actuación estrictamente profesional, de la cual, como lo expresé antes, no pueda derivarse consecuencia alguna de naturaleza penal que pueda ser utilizada para su pretendida incriminación, no configurándose la exigencia fundamental de elementos inequívocos de tipicidad en su comportamiento y ajustándose su conducta a sus derechos y deberes como abogado, de cuyo ejercicio legítimo no puede inferirse ninguna consecuencia ilícita generadora de responsabilidad, según el aforismo, *«qui iure suo utitur neminem laedit».*

Esta opinión del profesor Arteaga, por lo demás, había sido la misma que entre 2002 y 2005 habían sostenido en el propio Ministerio Público, tal como se lo confirmaron personalmente a León Henrique Cottin, los entonces Fiscales José Benigno Rojas, ante quien declaré, y Danilo Anderson, quienes entonces y sucesivamente llevaron el caso sobre los sucesos del 11 y 12 de abril de 2002, y quienes repetidamente le indicaron que no me preocupara que en la Fiscalía no había nada en mi contra. Específicamente el Fiscal Anderson le dijo a Cottin: «esta averiguación es contra quienes firmaron el decreto; si su cliente no la firmó, no venga más».

VI

Tres años después, sin embargo, luego del asesinato del Fiscal Anderson, en enero de 2005 «el alto gobierno» por lo visto decidió otra cosa, y ello se evidenció en la imputación penal formulada por la Fiscal provisoria Sexta, cuando asumió los casos relativos a los hechos del 11 y 12 de abril.

Y fue ante semejante irresponsabilidad y atrocidad jurídica, y no pudiendo creer que con los supuestos «elementos probatorios» que estaban en la denuncia del coronel Bellorín, y que la Fiscal Sexta provisoria del Ministerio Público se había copiado, pudiera imputarse a nadie; que León Henrique Cottin estimó importante que además del valiosísimo dictamen del profesor Arteaga, solicitáramos la opinión jurídica de un destacado penalista español, dado los orígenes de nuestro Código Penal en las instituciones españolas.

Coincidí con dicha idea, y me puse de inmediato en la tarea de identificar quién podría ser dicho jurista, a cuyo efecto consulté con muchos de mis amigos profesores españoles en materia de derecho público, entre ellos, Eduardo García de Enterría, Luciano Parejo Alfonso y Jaime Rodríguez Arana, habiendo todos ellos coincidido en que la persona que me podía dar una opinión jurídica en la cual podía confiar sin reservas, era el profesor Enrique Gimbernat Ordeig, destacadísimo abogado penalista y Catedrático de la Universidad Complutense de Madrid, con una extensa obra publicada en la cual había estudiado todas las instituciones del derecho penal, y quien conocía sobre los sistemas latinoamericanos.

Después de ubicarlo a la distancia en Madrid, y manifestarle telefónicamente que Cottin y yo estábamos dispuestos a viajar de inmediato a esa ciudad y poder formularle la consulta y entregarle copia del expediente que habíamos copiado a mano y que teníamos hasta ese momento sobre la infame imputación de la Fiscal provisoria y sus anexos, nos informó que con gusto nos recibiría, pero que tendría que ser unas semanas más tarde, luego de su regreso de un viaje que tenía programado para cumplir compromisos académicos en Santiago de Chile.

Al saber las fechas de su programada estadía en dicha ciudad, nuestra premura e interés nos llevó plantearle que estábamos dispuestos a viajar a Santiago de Chile si podía ajustar su agenda y recibirnos. Accedió, y nos reunimos con él en Santiago, los días 12 y 13 de marzo de 2005, ocasión en la cual le explicamos con todo detalle el asunto, aceptando elaborar el dictamen con su opinión jurídica sobre la imputación que se había hecho en mi contra.

El profesor Gimbernat emitió su Dictamen el 12 de junio de 2005 «*sobre las violaciones masivas a las garantías judiciales del Profesor Allan R. Brewer-Carías,*»* que constituye el núcleo de este libro, en el cual, ante el texto de la imputación, terminó expresando que había quedado «*asombrado y desconcertado,*» no entendiendo cómo había sido posible que el Ministerio Público la hubiera podido formular, afirmando como conclusión lo siguiente:

> «Como resumen de todo lo expuesto, hay que afirmar que el acta de imputación contra don Allan R. Brewer-Carías constituye *una violación masiva de sus derechos humanos fundamentales a la presunción de inocencia y a la defensa*, como emanación este último del derecho a un proceso justo, equitativo y con todas las garantías. Y no sólo porque se basa sobre las declaraciones de supuestos testigos de referencia que se niegan a identificar a sus supuestos testigos presenciales, sino porque la presunción de

---

* El texto del Dictamen del profesor Gimbernat se incluyó en el libro: Allan R. Brewer-Carías (Editor), *Persecución política y violaciones al debido proceso. Caso CIDH Allan R. Brewer-Carías vs. Venezuela ante la Comisión Interamericana de Derechos Humanos y ante la Corte Interamericana de Derechos Humanos*. TOMO II (Dictámenes, Estudios Jurídicos y *Amicus Curiae*), Colección Opiniones y Alegatos Jurídicos, No. 16, Editorial Jurídica Venezolana, Caracas 2015, 796 pp.

inocencia del señor Brewer-Carías también se vulnera con otras sedicentes pruebas en las que se infringe reiteradamente el principio «*in dubio pro reo*», en las que no se acredita conexión alguna entre el supuesto hecho punible y la participación en éste del imputado, en las que el Ministerio Público atribuye al señor Brewer-Carías lo que el testigo en cuestión de ninguna manera le imputa, y porque, finalmente, dicho Ministerio Fiscal, mediante un proceso discursivo irrazonable e irrazonado, *ilógico, incoherente y contrario a las reglas del criterio humano, transforma en pruebas de cargo lo que son inequívocamente pruebas de descargo*».

VII

Las opiniones de las periodistas, supuestos «testigos de referencia,» expresadas en los recortes de prensa y formuladas como suposiciones sobre hechos que ninguno presenció, elaboraban entre muchos otros temas, el hecho falso de que yo habría supuestamente redactado el decreto que emitió el Sr. Pedro Carmona al asumir la Presidencia de la República; hecho falso, que el mismo Carmona había negado.

Pedro Nikken y León Henrique Cottin bien sabían de los acontecimientos que se desarrollaron ese día 12 de abril de 2002, en particular porque yo se los había narrado con detalle ese mismo día, destacándoles como antes dije, la llamada que efectivamente me hizo Pedro Carmona en la madrugada de ese día requiriéndome que, como abogado, le diera mi opinión jurídica sobre el mencionado decreto, el cual, por supuesto, ya estaba redactado para cuando me lo mostraron, y respecto del cual solo pude expresarle mi opinión adversa por teléfono en horas de la tarde de ese día, considerando que era contrario al principio democrático; hecho que el mismo Carmona reconoció por escrito y, además, en forma auténtica en el proceso.

En términos contemporáneos, como antes dije, en aquél entonces fui víctima de una desinformación o *Fake News* que había generado una matriz de opinión contra la cual, como me lo recomendaron Pedro Nikken y León Henrique Cottin, reaccioné de inmediato en la forma como debía, que era desmintiendo públicamente los hechos, en rueda de prensa, y luego, una y otra vez en escritos, declaraciones y libros, defendiéndome contra la infamia que se había montado en mi contra sin base alguna, la cual solo podía explicarse como una conjura para buscar eliminarme como crítico al régimen autoritario que ya se había instalado en el país, y cuyas ejecutorias antidemocráticas yo ya había denunciado, en particular a la luz de los postulados de la Carta Democrática Interamericana que unos meses antes, en septiembre de 2001, había sido aprobada en la Organización de Estados Americanos.

Como lo destacó el profesor Pedro Nikken en su discurso académico de despedida el 13 de noviembre de 2019, semanas antes de su lamentable fallecimiento:

«Tu posición valiente y crítica contra el régimen despótico venezolano no fue tolerada por los abanderados de la idea única. La certeza de tus juicios, tu lucidez y tu prestigio fueron tomados como una amenaza. Y tal vez lo eran. La consigna oficial fue la de neutralizarte a través de una conjura calumniosa que contó con la complicidad de las instancias que estaban llamadas a proteger tus derechos».

Por ello, seis años antes, en la audiencia pública ante la Corte Interamericana de Derechos Humanos en el caso *Allan R. Brewer-Carías vs. Venezuela*, en sus Conclusiones, Pedro Nikken se preguntó y le preguntó a los Jueces:

«¿Qué pasa con Brewer? ¿Por qué a Brewer? Él podría hacerse sus conclusiones. Creo francamente que se trata de un caso de persecución política. Brewer era un crítico, y un crítico agudo del gobierno, que ganó unas elecciones para la Asamblea Constituyente con su propio prestigio, presentándose él personalmente; que mantuvo las críticas; que había sido el más duro crítico de las leyes habilitantes, que se nos dijo ayer habían iniciado la protesta civil de fines del 2001 y principios del 2002; que había demandado la nulidad de esas leyes y que había asumido una actitud permanente crítica contra el autoritarismo y la recentralización del Estado que estaba dirigiendo el gobierno del Presidente Chávez». *

Esa conjura que se urdió en mi contra se materializó a partir de la imputación fiscal formulada en enero de 2005, sobre la cual dictaminó el profesor Gimbernat en junio de ese mismo año, y que complementó posteriormente en un segundo dictamen, específicamente «*Sobre el tipo delictivo de «conspiración para cambiar violentamente la Constitución*» de fecha 17 de septiembre de 2005, que también se publica en este libro.

<h3 style="text-align:center">VIII</h3>

La determinación del gobierno a través de la Fiscalía, sin embargo, estaba tomada desde el inicio, por lo que no valieron para nada los argumentos jurídicos, y la imputación se tornó en una acusación presentada en mi contra el 21 de octubre de 2005, con petición de que el juez decretase una medida privativa de libertad, comenzando a desarrollarse un proceso penal que en definitiva nunca se concretó, pues nunca llegó siquiera a realizarse la audiencia preliminar.

En dicho proceso, por mi parte, la única actuación que correspondía hacer en esa etapa fue el escrito de contestación a la acusación que mis representantes Rafael Odreman y León Henrique Cottin presentaron dos semanas

---

[*] Las exposiciones y alegatos del profesor Nikken se incluyeron en el libro: Allan R. Brewer-Carías (Editor), *Persecución política y violaciones al debido proceso. Caso CIDH Allan R. Brewer-Carías vs. Venezuela ante la Comisión Interamericana de Derechos Humanos y ante la Corte Interamericana de Derechos Humanos.* TOMO I (Denuncia, Alegatos y Solicitudes presentados por los abogados Pedro Nikken, Claudio Grossman, Juan Méndez, Helio Bicudo, Douglas Cassel y Héctor Faúndez. Con las decisiones de la Comisión y de la Corte Interamericana de Derechos Humanos como Apéndices), Colección Opiniones y Alegatos Jurídicos, No. 15, Editorial Jurídica Venezolana, Caracas 2015, 1088 pp.

después (de más de 500 páginas)[*] el 8 de noviembre de 2005 contentiva de la solicitud de nulidad o amparo penal contra todo lo actuado por la violación masiva de mis derechos y garantías judiciales. Para ese momento yo estaba en Berlín dando una conferencia sobre «El régimen de selección de los Jueces de las Cortes Supremas en el derecho comparado,» en el Congreso de la *Organización Europea de Derecho Público.*

Dicho amparo penal nunca fue decidido, quedando confirmado con el tiempo que la acusación fiscal con petición de mi detención no tenía realmente por objeto que se impartiera justicia alguna sino, en mi caso, buscar cómo privarme de mi libertad *sine die* y sin proceso. Ello implicó que estando yo fuera del país, la prudencia me aconsejara no regresar de inmediato, iniciándose así, mí ya largo exilio. Por ello, además, se me persiguió desde 2006, incluso utilizando ilegítimamente a los mecanismos de la Interpol.[**] El proceso, en todo caso, concluyó en 2007 para todos los que habían sido acusados al dictarse una Ley de Amnistía respecto de los hechos relativos a los sucesos de abril de 2002 ocurridos a raíz de la anunciada renuncia de Chávez. Sin embargo, absurdamente, a pesar de la despenalización general de los hechos, la Fiscal Sexta decidió que la amnistía no se aplicaba a mi persona porque yo no me había entregado a mis perseguidores.

IX

Desde el inicio del proceso todos constatamos cómo se violaron todas las reglas más elementales del debido proceso, entre otros, tal como lo expresó el profesor Gimbernat en su dictamen, mi derecho a la presunción de inocencia y mi derecho a la defensa, en particular, mi derecho a tener acceso al expediente, a aportar pruebas y a controlar pruebas, todo lo cual tuve oportunidad de expresarlo de vida voz, apenas comenzado el proceso, ante la *XLI Conferencia de la Federación Interamericana de Abogados* que se celebró en Buenos Aires el 29 de junio de 2005, en una audiencia que se realizó a solicitud de los destacados abogados del Capítulo venezolano de la Federación, Arturo de Sola y Rafael Veloz, y donde estuve acompañado de los profesores Fortunato González y Asdrúbal Aguiar.

Allí denuncié el grave atentado que desde el inicio se estaba cometiendo contra el ejercicio de mi profesión de abogado, al perseguírseme por el solo hecho de haber dado una opinión jurídica,[***] y cómo ello se estaba realizando

---

[*] Publicado en Allan R. Brewer-Carías, *En mi propia defensa. Respuesta preparada con la asistencia de mis defensores Rafael Odreman y León Enrique Cottin contra la infundada acusación fiscal por el supuesto delito de conspiración,* Colección Opiniones y Alegatos Jurídicos No. 13, Editorial Jurídica Venezolana, Caracas 2006, 606 pp.

[**] De mi defensa exitosa ante Interpol contra las pretensiones del Estado resultó el libro: Allan R. Brewer-Carías, *El procedimiento administrativo global ante Interpol,* 3a Edición ampliada y actualizada, Ediciones Olejnik, Buenos Aires, Santiago de Chile, Madrid 2019, 154 pp.

[***] La Federación Interamericana de Abogados luego presentaría un *Amicus Curiae* ante la Corte Interamericana de Derechos Humanos sobre el tema publicado con el título, *En defensa del libre ejercicio de la profesión de Abogado y la Independencia Judicial,* Inter-American Bar Association, Federación Interamericana de Abogados, Washington 2013, 166 pp.

en grave violación al debido proceso, al formularse una imputación en mi contra por un delito que no cometí, sin prueba alguna, solo basada en recortes de prensa contentivos de opiniones (ni siquiera de noticias) y conjeturas de periodistas sobre historias falsas, de las cuales, como lo ratificaron ante la Fiscal, ninguno de los periodistas fue ni pudo haber sido testigo presencial.

Con esas historias falsas la Fiscal montó su acusación, invirtiendo la carga de la prueba pretendiendo, como tuvo el colmo de expresarlo por escrito al Juez de Control, que éramos los imputados quienes debíamos probar que no habíamos cometido el delito que ella sospechaba que habíamos cometido, sólo basándose en cuentos o chismes periodísticos.

Ese hecho insólito de la inversión de la carga de la prueba por la Fiscal Ortega, en violación de mi derecho a la presunción de inocencia que caracterizó todo el proceso en Venezuela – hecho que ocurrió después de que el profesor Gimbernat emitiera su dictamen - , lo destacó específicamente Pedro Nikken en su exposición final en la audiencia pública ante la Corte Interamericana de septiembre en septiembre de 2013, diciendo:

«El Dr. Brewer fue presumido culpable. Aquí tengo una pieza que es increíble. Es el anexo 18. Refiriéndose [a otro abogado coimputado], la Fiscal Sexta afirmó «en todo caso corresponde a la defensa de él mismo demostrar por qué se supone que no conspiró». Óigase bien, ¿por qué se supone que no conspiró? ¿las razones por las cuales acompañó al ciudadano Allan Brewer Carías el día de los hechos?» Al [abogado] lo imputan por haber acompañado a Allan Brewer Carías el día de los hechos, y que «pruebe que no conspiró, cuáles fueron sus objeciones y oposiciones en relación al Decreto, ¿porque él no fue el que redacto del decreto?». Eso lo dice la Fiscal en un auto, aquí está, anexo 18. Este es el concepto de presunción de inocencia que dominó esa investigación. ¡No ha demostrado que no participó!».

Lo anterior puso en evidencia cómo a los pocos meses de concretado el proceso penal en mi contra ya se habían cometido una masiva violación de mis derechos y garantías judiciales que exigían la declaración de nulidad de todo lo actuado, como en efecto, como antes lo he expresado, así lo solicitaron ante el Juez de Control mis representantes León Henrique Cottin y Rafael Odremán, en dos ocasiones y mediante dos voluminosas solicitudes de nulidad o amparo penal consignadas el 5 y el 8 de noviembre de 2005, que era el único recurso judicial disponible luego de presentada la acusación, para poder defenderme ante tal ignominia.

Se destaca, por otra parte, que el proceso penal se desarrolló durante los años en los cuales el Sr. Isaías Rodríguez ocupó el cargo de Fiscal General de la República (2005-2007), habiendo sido él quien recibió personalmente la denuncia y los recortes de periódicos que le presentó el coronel Bellorín, y el que tres años después, luego de condenarme públicamente de un delito que no cometí violando mi derecho a la presunción de inocencia, en un libro que publicó,– hecho que ocurrió en septiembre de 2005,[*] después de que el Dr. Gimbernat emitiera su dictamen - ; le dio las instrucciones a su subalterna, la entonces Fiscal provisoria Sexta, Luisa Ortega Díaz, para que convirtiera la imputación de enero de 2005, basada en la denuncia de un militar activo de 2002, en una acusación en mi contra (además de en contra de otros distinguidos abogados).

X

Tan evidente había sido la violación de mis derechos y garantías procesales desde el inicio del proceso judicial en Venezuela, tal como lo advirtió de entrada el profesor Gimbernat en su Dictamen, que las mismas fueron confirmadas ocho años después de haberse iniciado el proceso en mi contra, por los propios testigos que el Estado presentó en la audiencia pública en el caso *Allan R. Brewer-varías vs. Venezuela* realizada ante la Corte Interamericana de Derechos Humanos el día 3 de septiembre de 2013.

Esos testigos fueron, por una parte, quien para aquél entonces ya era coronel retirado Ángel Alberto Bellorín, «autor» de la «denuncia» que había originado el proceso por la copia que de ella hizo la Fiscal Ortega; y por la otra, quien para ese entonces ya era ex Fiscal General de la República, Isaías Rodríguez.

Ambos llegaron a expresar públicamente ante la Corte Interamericana, que la base para imputarme y acusarme de un delito político tan grave como el de «rebelión» o de «conspiración para cambiar violentamente la Constitución,» había sido, como lo habíamos denunciado reiteradamente y lo había advertido el profesor Gimbernat en su Dictamen, única y exclusivamente los mencionados «recortes de prensa» y videos contentivos de opiniones, comentarios o chismes de varios periodistas; es decir, los supuestos «testigos de referencia» analizados por el profesor Gimbernat.

De allí que el propio Isaías Rodríguez hubiera calificado ante la Corte Interamericana que la denuncia y acusación en mi contra se hizo única y exclusivamente con base en «un cuento,» expresando allí mismo que él recogió dicho «cuento» en el citado libro de su propia autoría titulado *Abril comienza en Octubre* (Caracas septiembre 2005), que publicó atribuyéndose la calidad de «poeta,» precisamente cuando ejercía el cargo de Fiscal General de la República; edición que salió después de que el profesor Gimbernat había elaborado su Dictamen, en el cual ya había denunciado cómo desde antes se había violado masivamente mi derecho a la presunción de inocencia.

En dicho libro, como Rodríguez lo expresó ante la Corte Interamericana, él se había copiado un de los recortes con opiniones de periodistas que estaban en la denuncia que le había entregado personalmente el coronel Bellorín en mayo de 2002, refiriéndose al «cuento» del periodista Rafael Poleo, que luego reprodujo *ad nauseam* su hija Patricia Poleo, y que luego muchos otros

---

[*]   Véase Isaías Rodríguez, *Abril comienza en Octubre*, Caracas, septiembre 2005.

25

periodistas, a su vez, se copiaron y repitieron. Sobre ese dicho de Poleo, cuando rindió declaración en la Fiscalía, ante una pregunta de mis abogados sobre si había estado en Fuerte Tiuna, la respuesta fue que no, es decir, que no había presenciado nada de lo que dijo en su «cuento,» indicando solo que había recibido una llamada telefónica informándole lo que escribió, pero excusándose de identificar a su «fuente».

Pero por los avatares de la vida, años después, Pedro Nikken, mi abogado ante la Corte Interamericana, precisamente, tuvo el disgusto de haber sabido quién había sido la infame «fuente» que había llamado por teléfono a Poleo, por confesión del mismo irresponsable «informante». Ello ocurrió, conforme me lo narró Pedro Nikken, cuando recibió la visita en Caracas de un conocido de ambos y, para colmo, un antiguo alumno mío en la Escuela de Estudios Políticos de la Facultad de Derecho de la Universidad Central de Venezuela e integrante de la Promoción Allan R. Brewer-Carías, quien «jocosamente» le contó que él había sido quien había «informado» a Poleo de mi presencia en Fuerte Tiuna en la madrugada del 12 de abril de 2002, donde efectivamente yo había sido llamado como abogado para dar una opinión jurídica que se me había solicitado; hecho que el sujeto, por supuesto, con toda la maledicencia imaginable omitió en lo que le habría dicho a Poleo, para que éste armara su «cuento». Pedro Nikken, indignado, pues no podía salir aún de su asombro, al poco tiempo me narró esto en Nueva York, y después de eso más nunca vio al abyecto e irresponsable personaje que buscaba entrar en relación con él por algún interés personal.

El profesor Gimbernat, en su Dictamen, al referirse a los hechos narrados en los recortes de prensa y videos, destacó como los mismos periodistas que figuraban en la denuncia del señor Bellorín habían *confirmado abiertamente que no habían presenciada nada de lo que habían narrado*, basando sus asertos, fundamentándola solo:

> «en lo que les ha contado un presunto testigo directo del que se niegan a facilitar quién ha sido, lo que condiciona, a su vez, que se ignore si esos periodistas son testigos de referencia, ya que no está descartado que esa cualidad de supuesto testigo de referencia sólo la ostentara uno de los informadores, del que los restantes habrían copiado acríticamente esa primera información, por lo que, en realidad, ni siquiera serían testigos de referencia de un supuesto testigo directo, sino testigos de referencia de un primer y supuesto testigo de referencia –si oculta quién es el referenciado, su condición no puede pasar de la de «supuesto testigo de referencia»- de un supuesto testigo directo –si no se comunica la identidad de éste, la única cualidad que puede atribuírsele es la de «supuesto testigo directo»-.

En todo caso, el «cuento» de Poleo – precisamente ese supuesto testigo de referencia - que supuestamente la habría narrado su desconocido informante – como así él mismo lo calificó al hablar con León Henrique Cottin al salir de la Fiscalía luego de su declaración –, copiado y repetido por decenas de periodistas y por Isaías Rodríguez en su libro, fue el que precisamente su subalterna, la Fiscal provisoria Sexta, Luisa Ortega Díaz, había usado para imputarme en enero de 2005, copiándose lo que había dicho el coronel Bellorín en su «denuncia» de mayo de 2002.

El ex Fiscal general Isaías Rodríguez fue en esto muy preciso, cuando admitió ante la Corte Interamericana de Derechos Humanos, al responder una pregunta que le formuló el profesor Claudio Grossman, sobre cómo es que pudo haberme considerado culpable de antemano y por escrito de los hechos que su oficina me había imputado, diciendo que, en realidad, su libro:

«es un *libro de un cuento*, aquí yo no estoy haciendo imputaciones a nadie. [...] *Esto es un cuento*. [...] Y quien lea el libro se va a dar cuenta de que *es un cuento*. Aquí cuento cosas íntimas mías, muy personales. Esto no es un libro para acusar a nadie. [...] Ya hemos hablado suficientemente de los periodistas, usted lo refirió en su momento, y el Dr. Brewer lo ha afirmado en varias oportunidades, los periodistas dicen una cosa y uno puede decir otra cosa».

Y así, con toda la irresponsabilidad imaginable, el Jefe del Ministerio Público y la Fiscal acusadora, ambos, Rodriguez y Ortega, sin verificar, dieron por cierto un «cuento» periodístico, que uno se lo copió en su libro, violando mi derecho a la presunción de inocencia, y la otra se lo copió en su imputación basada en una denuncia, violando mis garantías judiciales.

Lo cierto, en todo caso, es que el libro del Fiscal General salió a la luz después que su subalterna, la Fiscal provisoria Sexta, Luisa Ortega Díaz ya me había imputado con base en el mismo «cuento» contenido en los «recortes de prensa» que él se había copiado indebidamente del expediente; pero antes de que la misma Fiscal provisoria Sexta me acusara, lo que hizo unas semanas después, con base en el mismo «cuento» y, sin duda, siguiendo las instrucciones u orientaciones que el Fiscal General como Jefe del Ministerio Público le habría dado o sugerido, igualmente con base en los mismos recortes de periódicos y videos, incluyendo los que se había copiado y publicado en su libro.

La publicación de dicho libro motivó que le dirigiera una comunicación directamente a dicho Fiscal General de la República, con fecha 28 de septiembre de 2005, expresándole, entre otras cosas, que:

«Lo escrito por usted, Fiscal General de la República, en su libro, en efecto, ha violentado mi derecho y garantía a la presunción de inocencia. Usted, ciudadano Fiscal, simplemente se ha olvidado de sus obligaciones constitucionales y legales, violando abierta y groseramente el derecho constitucional a la presunción de inocencia que garantiza a todas las personas el artículo 49,2 de la Constitución y el artículo 8 del Código Orgánico Procesal Penal, y ello es imperdonable, pues la violación a la Constitución que implican las actuaciones de la representación fiscal, hace que todas las actuaciones que se han realizado en relación con quien suscribe en el Expediente C-43, estén viciadas de nulidad absoluta conforme a lo que dispone el artículo 25 de la propia Constitución, no pudiendo ser convalidadas.

[...]

Al escribir usted, ciudadano Fiscal General de la República, en su libro, que quien suscribe estaba supuestamente encerrado redactando con las personas que menciona un decreto de constitución de un gobierno de transición, lo cual es completamente falso, es usted, el propio Jefe del Ministerio Público venezolano, el que ha pretendido *trasladarme a mi, como imputado y a mis abogados defensores, la carga de probar que soy inocente y que no estuve en forma alguna reunido con las personas que dice el Fiscal General ni estuve redactando documento alguno de gobierno de transición con esas personas; cuando es al Estado, a través del Ministerio Público, al que le corresponde probar que pueda ser culpable de acuerdo con el principio del debido proceso.*

En consecuencia, en vista de la confesión que usted ha hecho, ciudadano Fiscal General de la República, en el sentido de que no ha respetado ni respetará mi derecho a la presunción de inocencia, lo cual implica la violación flagrante del artículo 49,2 constitucional, le recuerdo a usted, como ya lo han advertido mis abogados defensores ante el Juez de Control, que todas las actuaciones de investigación adelantadas por el Ministerio Público en este proceso en mi contra, están viciadas de nulidad absoluta y que de continuar así, el proceso estará arrastrando esas actuaciones viciadas que, conforme al citado artículo 190 del Código Orgánico Procesal Penal, no podrán ser apreciadas para fundar una decisión judicial en contra de ningún imputado, ni utilizadas como presupuestos de ella, por haber sido cumplidas en contravención o con inobservancia de los principios previstos en dicho Código, la Constitución de la República y los tratados suscritos por la República, defectos éstos que son inconvalidables.

La manera contradictoria e incongruente en que ha sido dirigida la investigación conlleva una imposibilidad absoluta para quien suscribe, Allan R. Brewer-Carías, como imputado, de defenderme pues, por una parte, el Ministerio Público ya me ha dado por culpable al haber afirmado que he realizado determinadas actuaciones sin probarlas, ya que como no ocurrieron no puede hacerlo, y por otra parte, ha invertido la carga de la prueba, imponiéndome demostrar mi inocencia, obligándome a probar hechos negativos, cuando no estoy obligado a ello. Estamos, sencillamente, ante una situación absurda e incomprensible, que conllevará, indefectiblemente, a la nulidad de todo lo actuado.

Sería ingenuo que usted, el Fiscal General de la República, se amparara y excusara de su inaceptable conducta sosteniendo que lo que aparece publicado bajo su firma es una referencia a lo que dice Rafael Poleo. Quien ha publicado el libro que contiene afirmaciones en mi contra es Isaías Rodríguez, el ciudadano Fiscal General de la República, quien sin recato ni pudor alguno, irrespeta las atribuciones y deberes de su alto cargo dañando dolosamente a quien tiene procesado».[*]

Entregada la carta, salí de viaje a cumplir compromisos académicos, y ya no pude regresar más a mi país. En ese viaje fui primero a Nueva York, luego a Madrid, y luego a Barcelona donde el día 21 de octubre de 2005, paseando por Las Ramblas, recibí la llamada de León Henrique Cottin informándome sobre la acusación en mi contra. De ese hecho nunca he podido olvidarme.

De allí, siguiendo con mis compromisos académicos, pasé a Heidelberg y luego a Berlín, ciudades donde tuve que alternar la atención de los eventos académicos para los que fui y las conferencias que dicté, con la preparación final, a distancia, junto con León Henrique Cottin y Rafael Odreman desde Caracas, del escrito de la contestación a la acusación y la solicitud de amparo penal, que ellos introdujeron finalmente ante el tribunal de la causa el 8 de noviembre de 2005; y que el Juez nunca siquiera vio.

Luego, desde Alemania regresé a Nueva York, donde tuve que permanecer para cuidar de mi libertad.

De todas esas experiencias, a pesar de los años transcurridos, conservo buena memoria, y por ello no olvido el hecho de que el profesor Enrique Gimbernat hubiese aceptado emitir los Dictámenes que forman este libro y que son la más clara evidencia de la masiva violación de mis derechos y garantías cometidas en el paródico juicio desarrollado en mi contra en Venezuela. Mi agradecimiento por ello, de nuevo, al profesor Gimbernat, por haber aceptado emitir su valiosa opinión jurídica en el caso, que constituye un verdadero ensayo teórico, entre otros aspectos, sobre el significado y alcance de la presunción de inocencia".

Nueva York, mayo de 2021

---

[*] Véase el texto íntegro de la carta en el libro: Allan R. Brewer-Carías, *En mi propia defensa. Respuesta preparada con la asistencia de mis defensores Rafael Odreman y León Enrique Cottin contra la infundada acusación fiscal por el supuesto delito de conspiración,* Colección Opiniones y Alegatos Jurídicos No. 13, Editorial Jurídica Venezolana, Caracas 2006, pp. 573-590.

LA BARBARIE CONTRA LA CIVILIDAD. RECUERDO DE ALGUNAS ABERRACIONES DE UNA PERSECUCIÓN

León Henrique Cottin
Profesor de la Universidad Católica Andrés Bello
Individuo de Número de la Academia de Ciencias Políticas y Sociales

I

En la mañana del día 12 de abril de 2002 me reuní con mi profesor Allan R. Brewer-Carías quien me refirió alguno de los hechos ocurridos esa madrugada con ocasión al anuncio al país por el General en Jefe Lucas Rincón de que se le había solicitado la renuncia al presidente de la República, la cual aceptó.

El resto del día fue tenso y confuso.

Al mes siguiente de los sucesos de abril, en mayo de 2002, aparece una noticia en los medios de comunicación impresos en Venezuela informando que un militar activo llamado Ángel Alberto Bellorín había presentado ante el Fiscal General de la República denuncia en contra de Allan Brewer-Carías, Cecilia Sosa y Carlos Ayala.

Empecé a averiguar sobre ese tema hasta encontrar que la denuncia de Bellorín la habían dirigido al Fiscal con Competencia Nacional de Salvaguarda del Patrimonio Público y Bancario, José Benigno Rojas. A esa Fiscalía el gobierno dirigía las averiguaciones que le interesaban.

Me presenté en esa fiscalía donde fui atendido por el Dr. Luis Abelardo Velásquez, fiscal adjunto. Velásquez me informó que iban a citar al Dr. Brewer. Le dije que no hacía falta, que él comparecería espontáneamente cuando lo puedan recibir.

El día 3 de junio de 2002 acompañé al Dr. Brewer a la fiscalía donde fuimos atendidos por los Doctores José Benigno Rojas y Luis Abelardo Velásquez. A los pocos minutos los fiscales me indicaron que debía desalojar la fiscalía, que se le iba a tomar declaración informativa al Dr. Brewer y no podía estar acompañado de abogado, que iba a declarar como testigo y en ese carácter no tiene derecho a estar asistido de abogado.

Salí de la oficina y esperé afuera más de cinco horas. A la salida el Dr. Brewer me dijo que le habían pedido una explicación general y formulado varias preguntas.

A los pocos días pasé por la fiscalía, el Dr. Rojas me informó que la explicación y repuestas habían estado claras y que, por ahora, no necesitaban que volviera el Dr. Brewer.

II

Pasaba rutinariamente por esa fiscalía para el control normal, que debe hacer un abogado, de un expediente. La predilección del gobierno por Dr. Rojas había declinado a raíz de que anunció la apertura de una investigación penal que no fue del agrado del Fiscal General Isaías Rodríguez, quien a los pocos días lo removió de la fiscalía.

En la fiscalía que estaba a cargo del Dr. Rojas me dijeron que habían remitido el expediente a la Fiscalía del abogado Danilo Anderson, Fiscal Nacional de Delitos contra el Medio Ambiente. Anderson se había convertido en el nuevo fiscal de confianza del Fiscal General de la República, a quien le pasaban los casos de interés del gobierno.

Recuérdese que Isaías Rodríguez pasó de Vicepresidente de la República a Fiscal General de la República en el gobierno del Teniente Coronel Hugo Chávez.

Fui a la fiscalía del abogado Anderson, quien me recibió amablemente, le informé que era abogado del Dr. Brewer en el caso de la denuncia interpuesta por Ángel Bellorín. El abogado Anderson me preguntó «¿El Dr. Brewer firmó el Decreto de Carmona?» Contesté: no. Entonces, me dijo: «Dr. Cottin no venga más. Esta averiguación es contra quienes firmaron el Decreto».

El 18 de noviembre de 2004 asesinan vilmente al abogado Anderson.

Paso por la fiscalía del abogado Anderson y nadie me sabe informar sobre el expediente contentivo de la denuncia de Bellorín. Así pasaron algunos meses.

III

Me entero por una noticia publicada en el diario *Últimas Noticias* en los primeros días de enero de 2005, en espacio muy pequeño, del reportero judicial señor Ricardo Márquez, que el expediente lo habían pasado a Luisa Ortega Díaz, Fiscal provisoria Sexto del Ministerio Público. Era la nueva fiscal de confianza del Fiscal General de la República.

Llamo a Ricardo Márquez a quien conocía desde hacía muchos años. Le pregunto si es verdad eso de que el expediente pasó a la Fiscalía Sexta. Márquez me dice «Manoleón (mi sobrenombre) ella me llamó para que lo publicara. Viene con ganas».

Inmediatamente llamé al Dr. Brewer y le informé. Preparamos un pequeño escrito para la fiscal sobre Brewer y el 12 de abril de 2002. Lo llevamos los dos a la Fiscalía Sexta quien no nos atendió.

Vuelvo, varias veces, en los días subsiguientes. Logro que me reciba la fiscal Luisa Ortega Díaz. Me dice que va citar al Dr. Brewer para imputarlo. Le digo, como es eso doctora, el Dr. Brewer declaró en la Fiscalía del Dr. Rojas y siempre ha estado a la orden. Visité también al abogado Anderson a quien le pasaron el expediente que tenía el Dr. Rojas. Anderson me dijo que no necesitaba la declaración del Dr. Brewer.

Me dijo la fiscal Ortega: «Mire doctor mejor es imputarlo para que así se defienda. Para que vea el expediente y se defienda». Le dije «doctora a usted le gustaría que imputaran a su papá para que se defienda» (en mis averiguaciones sobre quien era la fiscal Ortega pude enterarme de que su papá había estado implicado en Valle La Pascua, Estado Guárico en una riña en una gallera en donde resultó muerto el señor Aquino Salas) «¿De qué lo va a imputar?» Contestó: «De Rebelión y Conspiración. Lo voy a citar por Boleta para imputarlo». Le dije doctora no lo cite, él viene. Dígame cuando.

IV

Dejé pasar unas horas. Recuerdo, perfectamente, que llamé al Dr. Brewer. Le pregunté si podía verlo. Fue muy difícil para mí sentarme enfrente de mi profesor para informarlo de lo que estaba pasando y de lo que iba a pasar. No estaba seguro si él iba a entender, a cabalidad, el via crucis que le esperaba. Antes de ir repasé el Código Penal para refrescar la pena del delito. Son de 12 a 24 años de cárcel.

Conversamos sin minimizar la situación. Le dije, te espera un camino largo, tortuoso y malo. La justicia penal no es justicia en Venezuela. Te quieren apartar. Le has dado muy duro al gobierno y a Chávez. Te la van a cobrar. Detestan tu pluma y tu verbo. Necesitan un trofeo para amedrentar a quienes se le opongan. Van a hacer un circo.

Brewer me dijo «Cottin que hacemos». Necesitas un equipo de abogados. Cottin, mi abogado eres tú, contrata a quien quieras.

V

Al Dr. Brewer lo imputaron el día 27 de enero de 2005, en presencia de Pedro Nikken y mía. El otro defensor Dr. J. Rafael Odreman no pudo asistir. La imputación fue en el despacho de la fiscal Luisa Ortega, ella misma leía lo que era una copia mala de la denuncia de Bellorín. No lee bien. Se comía las palabras. Su tono de voz nasal dificultaba la pronunciación del largo y farragoso escrito de imputación, del cual no nos dieron copia. En un momento, de su balbuceante lectura, le pregunta al Dr. Nikken «usted está dormido». Nikken contesta: SI.

Luego de la imputación decidimos hacer consulta sobre el caso a una autoridad mundial en el campo penal. El Dr. Enrique Gimbernat Ordeig fue escogido dado su prestigio en Europa y América. Cuando lo ubicamos salía de Madrid para Santiago de Chile a un evento académico. Allí fuimos. Recuer-

33

do la cara de asombro del profesor Gimbernat cuando le empezamos a referir los hechos. Simplemente, era mi opinión, no los creyó. Pidió detalles, envío de todo el material que tuviéramos, dijo que iba a pensar sobre su dictamen en derecho después de que recibiera toda la información. Rindió dos profundos estudios sobre el caso. Mi primera opinión de que cuando el Profesor Gimbernat nos escuchaba le costó creer lo que le narramos, quedó confirmada cuando escribió en uno de sus dictámenes, que tuvo «...la impresión de haber entrado en un mundo al revés...»

No debo dejar de decir que el Dr. Enrique Gimbernat, después de haber rendido sus informes sobre el caso Brewer, fue invitado a Venezuela por la Sala Penal del Tribunal Supremo de Justicia con ocasión de unas jornadas en honor del Magistrado Dr. Alejandro Angulo Fontiveros, en noviembre de 2005, denominadas «Congreso Internacional sobre Derecho Penal y Criminología».

VI

La instrucción por parte de la Fiscal Sexta, a quien le pareció muy bueno imputar a alguien «para que se defienda», fue sin respeto alguno al mandado del artículo 26 de la Constitución de la República de Venezuela ubicado a en el Título III, Capítulo I, de los Derechos Humanos y Garantías. No fue accesible, no fue imparcial, no fue independiente, no fue responsable ni equitativa. No hubo garantías para Brewer.

No nos dejaron ver las dos cajas de videos que sirvieron para la imputación. No nos dejaron sacar copia de nada del voluminoso expediente. Copiamos a mano lo que pudimos. A veces yo le dictaba a Brewer y otra él a mí. En muchas ocasiones fuimos a la Fiscalía sin que nos dejaban ver el expediente. Preguntábamos por qué, la respuesta: la doctora no está. No nos dejaron estar presentes en ningún acto de interrogatorio de testigos. Se le tomó declaración, ilegalmente, al General en jefe Lucas Rincón fuera de la sede de la fiscalía. Solo pudimos hablar con el periodista Rafael Poleo, después que rindió declaración, en el salón de espera de los ascensores del edificio donde funcionaba la Fiscalía Sexta.

VII

El día 29 de setiembre de 2005, el Dr. Brewer salió de Venezuela a cumplir compromisos académicos en el Exterior. Salió por el Aeropuerto Internacional Simón Bolivar. No tenía, para esa fecha restricción alguna a su libertad de movimiento.

La Fiscal acusó al Dr. Brewer el 21 de octubre de 2005. No nos daban acceso al expediente en el Juzgado de Control o de Garantías donde fue presentada la acusación.

Presentamos el Dr. J. Rafael Odreman y yo ante el Juez de Control o Garantías, acción de garantía o amparo los días 5 y 8 de noviembre de 2005, pidiendo la nulidad de lo actuado en violación, ostensible y grosera, a las garantías constitucionales del procesado Dr. Brewer. Nunca fueron decididas. A la fecha de este escrito no hay decisión del amparo presentado por el Dr. Brewer.

Debo ratificar que el Juez de Control, como su nombre lo indica, controla el respeto de las garantías de los investigados durante la fase de instrucción a cargo de la Fiscalía del Ministerio Público. Es el Juez de Garantías de que la actuación de la Fiscalía, en su averiguación, va a respetar las garantías del procesado, así lo establecen expresamente los artículos 67 y 68 del Código Orgánico Procesal Penal. Además, le da competencia para resolver las acciones de amparo ejercidas por violación a las garantías del procesado.

VIII

Al enterarse el Juez de Control o Garantías que el Dr. Brewer tenía 9 meses dando clases en la Universidad de Columbia, New York, U.S.A. le dictó, a solicitud de la Fiscal Sexta, auto de detención (Privativa de libertad). La orden de captura y detención está fechada 15 de junio de 2006, y vigente a la fecha de este escrito.

Días después voy al tribunal y me entero de que el juez de Control o Garantías ha suscrito un acta en el expediente afirmando que el Dr. Brewer presuntamente es un magnicida que ha atentado contra la vida del Presidente.

IX

Hubo solicitudes, a las que no tuvimos acceso, de detención a la Interpol. Hubo intento de detener a Brewer en la República Dominicana cuando llegó invitado por el Senado de ese país a una conferencia.

La perfecta sintonía de las autoridades que hubo en la persecución del Dr. Brewer se demostró, una vez más, en la urgente y secreta tramitación de la orden de captura a la Interpol solicitada por la Fiscal Sexta al Juez de Control y coordinada por el General Belisario Landis, en ese momento Embajador de Venezuela en la Republica Dominicana. Por fortuna, la Dra. Caterina Balasso, nuera de Brewer, me llamó por teléfono el día 12 julio de 2006, y me dijo «Hay un cuento raro, me llamó un abogado amigo, informando que la Interpol va a detener a Allan en la República Dominicana».

Me pareció inverosímil el cuento. Sin embargo, llamé al Dr. Brewer quien no atendió su teléfono celular. Llamé a su apartamento y me atendió su esposa Beatriz. Con toda cautela, para no alarmar, le dije que me pasara a Allan porque no contestaba su celular, «Allan está en el aeropuerto, va para la República Dominicana, me acaba de llamar, ya está en el salón de American».

Estoy acostumbrado, por mi intenso ejercicio profesional, a las presiones. Sin embargo, mis pulsaciones se aceleraron. Recuerdo que estaba en mi escritorio con un pan con queso enfrente para almorzar, que tuvo que esperar 3 horas. Insistí llamando al celular de Brewer. No recibía respuesta. Llamé al Salón de American del aeropuerto Kennedy, pedí que me localizarán a Brewer, no lo logré. Pregunté si había salido un vuelo a la República Dominicana, dijeron que sí, hacía quince minutos.

Encontré el número de teléfono de operaciones de la línea área American. Llamé y dije que tenía un mensaje urgente para un pasajero. Me dijeron que solo comunicaban a los pilotos casos extremadamente graves de pasajeros y que estos, por protocolo, solo informaban al final del vuelo. No me pareció prudente pasar el mensaje de la detención.

Esperé, siguiendo la ruta del vuelo por el programa *Flightwise*. Insistía por el celular de Brewer. Finalmente me atendió, apenas aterrizó, creo que había olvidado poner el celular en modo avión.

Le dije «¿Dónde estás? En el avión, contestó. Escúchame bien, te está esperando a la salida de inmigración la Interpol para detenerte. No te aproximes a inmigración» Brewer no entendía nada. Traté de explicarle lo que pasaba. Yo, en esos momentos tampoco entendía mucho. Pero el ensañamiento en la persecución de Brewer me hacía creer cualquier cosa del régimen. Sólo le repetí a Brewer: «no entres, metete en un baño, llama a alguien. Te van a agarrar y deportar. Eso le complicará la vida a toda tu familia. No entres. Finge un ataque de epilepsia».

Al poco rato, Brewer me llamó, hablamos varias veces. Me ratificó que era verdad lo que le decía. No entró por inmigración. Recibió protección del gobierno dominicano. Salió del aeropuerto en un carro oficial.

Le insistí a Brewer que saliera lo más rápido posible de la República Dominicana. Que ese país formaba parte del acuerdo Petrocaribe, alianza petrolera creada, en junio de 2005, por Hugo Chávez, que suministraba o regalaba petróleo a varios países caribeños a cambio de sus votos con Venezuela en la Organización de Estados Americanos.

En efecto, a los pocos días del asunto Brewer, Venezuela suspendió, reportó la prensa, el envío de petróleo a la República Dominicana. No se sabe por cuánto tiempo fue la suspensión. Esa alianza llamada Petrocaribe es secreta, no se conocen sus términos. Lo que se sabe es que además de suministrar petróleo Venezuela ha financiado refinerías y patios de tanques de almacenamiento de crudo a Cuba y Nicaragua.

Al revisar el expediente y al enterarme, por Brewer, de lo ocurrido en la República Dominicana fue que entendí lo que había pasado. Hay publicaciones en periódicos dominicanos, cartas del embajador Belisario Landis y la solicitud de alarma roja de Interpol a todos los países sobre la detención del peligroso delincuente Brewer.

Otra vez la perfecta sintonía de los órganos del gobierno en la persecución a Brewer.

X

La Interpol no llegó a acceder a la solicitud de alarma roja formulada por la Fiscal Sexta, en parte por la oposición que formulamos ante la Organización Internacional. Solo colocó alarma azul. Sin embargo, años tomó que sacaran dicha alerta sobre Brewer de las pantallas de inmigración de los países afiliados a Interpol. Dirigimos varios escritos a la sede de la Interpol en Lyon, Francia. No me respondían. Meses después de la última solicitud, llamé desde Nueva York, con Brewer presente, a la Interpol en Lyon. Un funcionario me pidió un rato, luego me dijo «Señor Cottin nosotros hemos contestado todas sus solicitudes a la dirección que nos dio en Caracas, Venezuela». Le pedí al funcionario que me las mandara nuevamente a una dirección de Nueva York. Lo hizo. Al llegar el sobre me percaté que tiene membrete de Interpol. Luego descubrí que las cartas que me enviaban, habían sido retenidas en la Oficina Central de Correos de Caracas, por orden de la Fiscalía.

La persecución orquestada a Brewer estaba afinada.

Finalmente, la Interpol rechazó formalmente la solicitud de detención que le había formulado Venezuela por considerar a la rebelión como delito político, y ordenó borrar de las pantallas de inmigración la información que había sobre la solicitud de detención contra Brewer formulada por su país. La Interpol no actúa en los casos de delitos políticos.

No puedo dejar de decir que, ante nuestros requerimientos a Interpol, este organismo se dirigió directamente al Juez de Control o Garantías donde cursaba el caso de Brewer pidiendo información. El tribunal contestó que no era político el proceso de Rebelión y que además Brewer era, presuntamente, magnicida. Que se trataba de un reo ordinario.

Insistían en la detención por Interpol de Brewer.

XI

Acompañé varias veces a Brewer al Consulado de Venezuela en Nueva York, para renovar y/o sacar su pasaporte. Se lo negaron. Otra vez por orden la Fiscalía.

La perfecta persecución contra Brewer continuaba perfectamente afinada.

Cuando el expediente estaba a la espera de la realización de la audiencia preliminar ante el Juez de Control o Garantías, el Presidente Chávez el día 31 de diciembre de 2007, en ejercicio de los poderes extraordinarios que le habían delegado la Asamblea, decretó una Ley de Amnistía. Amnistía que borraba los delitos de los procesados por los hechos del 12 de abril de 2002. Textualmente la citada Ley (*Gaceta Oficial* N° 5.870 Extraordinario de lunes 31 de diciembre de 2007) establece:

Decreto con Rango, Valor y Fuerza de Ley Especial De Amnistia.

«Artículo 1°. Se concede amnistía a favor de todas aquellas personas que enfrentadas al orden general establecido, y que a la presente fecha se encuentren a derecho y se hayan sometido a los procesos penales, que hayan sido procesados o condenados por la comisión de delitos en los siguientes hechos.

A. Por la redacción del Decreto del Gobierno de Facto del doce (12) de abril de 2002,

B. Por firmar del Decreto del gobierno de Facto del doce (12) de abril de 2002 […]

M. Por los hechos que configuren o constituyan actos de Rebelión Civil hasta el 02 de diciembre de 2007.

Artículo 2º. Conforme a lo dispuesto en el artículo anterior, se extinguen de pleno derecho las acciones penales, judiciales, militares y policiales instruidas por cualquiera de los órganos del Estado, tribunales penales ordinarios o penales militares, que se correspondan exclusivamente con el artículo anterior.

Artículo 3º. Los organismos judiciales, militares o policiales en los cuales reposen registros o antecedentes sobre personas amparadas por la presente ley, deberán, previa notificación y autorización del Fiscal General de la República, eliminar de sus archivos los registros y antecedentes relacionados con ellos.

De conformidad con lo dispuesto en el artículo 28 de la Constitución de la República Bolivariana de la República, las personas amparadas por la presente Ley deberán acudir a la Fiscalía General de la República». (Todo está escrito así)

Brewer no fue redactor del Decreto del Gobierno de Facto, Brewer no firmó el Decreto.

Brewer no incurrió en el delito de Rebelión.

La ley abrazó a todos, excepto al Dr. Brewer. La Fiscal Sexta, Ortega Díaz, quien para la fecha de la Ley de Amnistía era Fiscal General de la República, premiada por haber dirigido varios procesos contra opositores al gobierno, así lo «decidió» y declaró a los medios de comunicación. Presentamos el correspondiente escrito para que, aplicando la Ley de Amnistía, cesara la persecución penal contra el Dr. Brewer. No cesó.

La persecución contra Brewer continúa.

XII

Al haber finalizado los procesos judiciales por la despenalización generalizada que borra el tipo penal como consecuencia de la amnistía, al negarse la Fiscal a solicitar el sobreseimiento solo en el caso de Brewer, el expediente quedó activo, desaparecido de hecho en la maraña judicial - quizás esté en algún archivo muerto -, pero con la orden de captura y detención vigente contra Brewer y presente en los archivos policiales.

Se trata, en la práctica, de una prohibición de su regreso al país que era la instrucción que la Fiscal tenía, ya que no lo pudieron detener. No preso, pero lejos.

Madrid, marzo de 2021.

PRIMERA PARTE:

DICTÁMEN DEL PROFESOR ENRIQUE GIMBERNAT SOBRE LAS VIOLACIONES MASIVAS A LAS GARANTÍAS JUDICIALES DEL PROFESOR ALLAN R. BREWER-CARÍAS, DE 12 DE JULIO DE 2005*

Por el Dr. Allan Randolph Brewer-Carías se me solicita que emita Dictamen sobre si el acta de imputación formulada contra él por el Ministerio Fiscal, que figura en las pp. 234 ss. de la Pieza XIII del Expediente C-43, y en la que se le imputa al Dr. Brewer un delito de conspiración para cambiar violentamente la Constitución, previsto en el art. 144.2 CP, **por haber participado «en la redacción y elaboración» del «Acta de Constitución del Gobierno de Transición Democrática y Unidad Nacional»**, vulnera alguno o algunos de los derechos fundamentales de la persona reconocidos, tanto en la Constitución de la República Bolivariana de Venezuela, como en las Constituciones nacionales de los Estados de Derecho, como en los textos internacionales multilaterales de derechos humanos.

I. EXPOSICIÓN DE LOS SUPUESTOS ELEMENTOS PROBATORIOS SOBRE LOS QUE SE BASA EL ACTA DE IMPUTACIÓN CONTRA EL SEÑOR BREWER-CARÍAS

Según el acta de imputación, los elementos probatorios de los que se seguiría la participación del señor Brewer en la redacción y elaboración del

---

* En el presente Dictamen se utilizan las siguientes abreviaturas: CASDH: Convención Americana sobre Derechos Humanos, Pacto de San José de Costa Rica». CE: Constitución Española de 1978. CEPDHLF: Convenio Europeo para la Protección de los Derechos Humanos y de las Libertades Fundamentales de 4 de noviembre de 1950. CNRB: Constitución de la República Bolivariana de Venezuela de 1999. COPP: Código Orgánico Procesal Penal de Venezuela, reformado el 14 de noviembre de 2001. DADDH: Declaración Americana de los Derechos y Deberes del Hombre. DUDH: Declaración Universal de los Derechos Humanos de 10 de diciembre de 1948. PIDCP: Pacto Internacional de Derecho Civiles y Políticos de 16 de diciembre de 1966. TC: Tribunal Constitucional español. TEDH: Tribunal Europeo de Derecho Humanos de Estrasburgo.

TS: Tribunal Supremo de España. [Se citan las sentencias de este Tribunal, indicando el número marginal con el que han sido publicadas en el repertorio de Jurisprudencia Aranzadi (abreviatura = A.)]. TSJ: Tribunal Supremo de Justicia.

«Acta de Constitución del Gobierno de Transición Democrática y Unidad Nacional» serían los siguientes:

A. La propia «Acta de Constitución del Gobierno de Transición Democrática y Unidad Nacional» (elemento probatorio 1).

B. La denuncia formulada por don Alberto Bellorín ante el Ministerio Público el 22 de mayo de 2002 (elemento probatorio 2).

C. La entrevista rendida ante el Ministerio Público por don Jorge Olavarría (elemento probatorio 23).

D. La entrevista rendida por el propio señor Brewer-Carías ante el Ministerio Público (elemento probatorio 26).

E. Diversos artículos publicados en la prensa por la periodista doña Patricia Poleo así como entrevistas televisivas realizadas a la citada profesional (elementos probatorios 6, 7, 10, 15, 17, 18, 19 y 22).

F. Artículo publicado en el diario «*El Nacional*» el 13 de abril de 2002 por la periodista doña Laura Weffer Cifuentes (elemento probatorio 3).

G. Artículo publicado el 13 de abril de 2002 en el diario «*El* Nacional» por el periodista don Edgar López (elemento probatorio 4).

H. Artículo publicado el 13 de abril de 2002 en «*El Universal*» por la periodista doña Mariela León (elemento probatorio 5).

I. Artículo publicado en el diario «*El Universal*» el 18 de abril de 2002 por el periodista don Roberto Giusti (elemento probatorio 8).

J. Artículo publicado el 18 de abril de 2002 en el diario «*El* Reporte» por el periodista don Ricardo Peña (elemento probatorio 9).

K. Artículos publicados en la prensa por el periodista don Francisco Olivares (elementos probatorios 11 y 13).

L. Artículo publicado el 27 de abril de 2002 en el diario «*El* Nacional» en el que la periodista doña Milagros Socorro entrevista a don Daniel Romero (elemento probatorio 12).

M. Artículo publicado en «*El Mundo*» el 3 de mayo de 2002 por la periodista doña Nitu Pérez Osuna (elemento probatorio 14).

N. Entrevista televisiva a don Rafael Poleo (elemento probatorio 15).

O. Entrevista televisiva del periodista don César Miguel Rondón a don Teodoro Petkoff (elemento probatorio 16).

P. Entrevista televisiva del periodista don Carlos Fernández a don Tarek William Saab (elemento probatorio 20).

Q. Programa de televisión «Voces de un País» retransmitido por *Globovisión* el 28 de mayo de 2002 (elemento probatorio 21).

R. Entrevista a don Isaac Pérez Recao, transmitida por Globovisión el 16 de mayo de 2002 (elemento probatorio 22).

S. Cinta VHS, enviada al Ministerio Público por CONATEL, en la que se aprecia el desarrollo del acto de 12 de abril de 2002, en el que fue leída el «Acta de Constitución del Gobierno de Transición Democrática y Unidad Nacional» (elemento probatorio 24).

T. Libro publicado por don Pedro Carmona Estanga con el título «*Mi Testimonio ante la Historia*» (elemento probatorio 25).

II.   ANÁLISIS PORMENORIZADO DE LOS DISTINTOS ELEMENTOS PROBATORIOS

A.   Los artículos periodísticos y las declaraciones de Doña Patricia Poleo (elementos probatorios 6, 7, 10, 15, 17, 18, 19 y 22)

1. *Su* contenido

Los artículos periodísticos y las declaraciones de la señora Poleo considerados elementos probatorios por el Ministerio Público tienen el siguiente contenido:

a) Articulo de la citada periodista publicado en el diario «El Nuevo País» de 16 de abril de 2002, en el que expresa lo siguiente (elemento probatorio 6):

«En la sede de la Comandancia del Ejército, zona reservada al Jefe de Estado Mayor, se habían instalado en un cubículo Pedro Carmona ... En el cubículo de enfrente estaba Allan Brewer Carías redactando a mano lo que luego sería el Acta Constitutiva del gobierno de transición... Brewer Carías replicó: <No importa la renuncia. Ya Lucas la va a anunciar por televisión y eso será más que suficiente>».

b) Artículo de doña Patricia Poleo publicado igualmente en «El Nuevo País», de fecha 17 de abril de 2002, y en el que se dice lo siguiente (elemento probatorio 7):

«A media mañana del viernes 12 ... el grupo de Carmona ya había tomado Miraflores. Por allí paseaba Allan Brewer Carías ... Lo más celebrado por la fauna asistente fue el nuevo cambio de nombre del país y la eliminación de la Asamblea Nacional, este último el menos sostenible jurídicamente, como Cecilia Sosa trató de hacerle ver, ganándose la sonrisa despectiva de Brewer y las groserías de Romero ...».

c) Artículo de la señora Poleo publicado asimismo en «El Nuevo País», de 25 de abril de 2002, y en el que se expresa (elemento probatorio 10):

«Eso sin dejar de hacer mención honorífica con fanfarria republicana y todo, el equipo de juristas (Brewer Carías, Cecilia Sosa, Daniel Romero ... que redactó el documento profusamente aplaudido y vitoreado por la concurrencia ... Los llamados por el maestro de ceremonias, en representación de diferentes organizaciones y los espontáneos que daban codazos en la cola, para firmar el brillante documento parido por Brewer Carías, Cecilia Sosa, Daniel Romero ...».

d) Programa Dominio Público, transmitido por Venevisión el 12 de abril de 2002, en el que doña Patricia Poleo declara, conforme al vídeo del programa, que obra en el Expediente como Cinta N-39, lo siguiente (elemento probatorio 15):

«Mira, ahí como se dice, este, vulgarmente, se están tirando la pelota unos a otros, no. Allan Brewer Carías llegó para hacer el decreto y simplemente le quitaron el papel de las manos, por decirlo en alguna manera, pues fue en computadora que se redactó, y comenzaron a redactarlo entre Daniel Romero e Isaac Pérez Recao, después Allan Brewer Carías hizo algunas acotaciones y dijo que esto no podía ser, que eso era antidemocrático».

e) Entrevista realizada a la señora Poleo por don Domingo Blanco, transmitido por Globovisión el 15 de abril de 2002, y en el que la citada periodista, de acuerdo con la Cinta H-30, que obra en el Expediente, manifestó lo que sigue (elemento probatorio 17):

«Mira, eso fue entre la Comandancia del Ejército y Miraflores; allí; ellos en la Comandancia del Ejército es que arman ese ...; Brewer Carías llegó allí ...; mira, este, yo lo lamento mucho por Brewer Carías pero es que además hay testimonios grabados, y seguramente el gobierno de Chávez los utilizará, donde aparece Brewer abrazando a Isaac, aparece Brewer abrazando a todas las personas que estaban en la Comandancia General, y cuando se sientan a redactar los decretos, por supuesto que Brewer no estuvo de acuerdo en disolver la Asamblea Nacional y se los dijo; por supuesto que no estuvo de acuerdo en cambiar inmediatamente el nombre a Venezuela, ni en eliminar los poderes públicos, pero él dejó hacer, o sea cuando estos jóvenes dicen vamos a ponerlo así, e incluso ...».

f) Entrevista realizada a la señora Poleo por don Cesar Miguel Rondón, emitida por Televen el 16 de abril de 2002, y en la que se contienen las siguientes manifestaciones, tal como consta en la Cinta G-29, que igualmente obra en el Expediente (elemento probatorio 18):

«**César Miguel Rondón**: ¿Qué pasó? Es la pregunta que todos nos hacemos, un movimiento cívico, político de la sociedad civil, variopinto, multitudinario y profundamente democrático termina muerto en un papelito de evidente carácter fascista, dictatorial. ¿Qué pasó?

Patricia Poleo: Qué pasó, que bueno que la persona que todos teníamos como la más representativa para que encabezara esa Junta de Gobierno, le falló a los venezolanos, le falló a la sociedad civil, nos falló a todos pues, se trata de Pedro Carmona Estanga; se dejó manejar por unos intereses que no eran los intereses del país, sino unos intereses muy particulares.

(Los interlocutores se refieren a las personas que estaban en la Comandancia del Ejército en la noche, y Patricia Poleo menciona a <Daniel Romero, quien después fue nombrado Procurador y es el joven quien lee los decretos»>).

C. M. R.: ¿Él los redactó a la larga?

P. P.: Fue quien finalmente los redactó; y en eso Brewer tiene razón; dice que él no fue el autor del decreto; pero también dejó hacer, el error de Brewer estuvo en que dejó hacer porque también tenía sus intereses en recobrar el poder que tuvo en los tribunales venezolanos.

C. M. R.: ¿Por qué tiene tanta información? ... Suena de novela, tan increíble, tan inverosímil.

C.M.R.: (Se refiere a esa <hojita terrible>, al decreto). ¿De qué cabeza sale esa hija?

P. P.: Mira, allí se sentaron, eh, se sentó, eh, Daniel Romero a redactar él; primero se sentó Brewer Carías; cuando ... físicamente llegaron a un cubículo en la Comandancia General del Ejército y se sentó Brewer Carías a redactar el documento.

C.M.R.: Pero Brewer se ha desentendido del proceso, él dijo que él asesoró.

P.P.: De manera muy irresponsable se ha desentendido porque todo el mundo lo vio en Miraflores hasta el viernes en la tarde; él no puede decir que él estaba desentendido de esto, no; y además de lo que sí puede decir es que no estuvo de acuerdo en que eso era legal, y que actuó como buen jurista que es y les explicó que esto no podía ser, que aquello no podía ser, entonces los muchachos se impusieron y dijeron sí va, y elimíname la Asamblea y elimíname el nombre de Venezuela, etc. Y todos los poderes públicos».

g) Entrevista de Radio Caracas Televisión, en la que la señora Poleo responde a las preguntas de dos periodistas en los siguientes términos, tal como consta en la Cinta G-29, que obra en el Expediente (elemento probatorio 19):

«**Respuesta Patricia Poleo**: Se sientan entonces, que ahora dicen que las cosas no son así, pero fueron así, hay muchos testigos, gracias a Dios que hubo mucha gente allí alrededor buscando cosas, que ...

Pregunta Carlos Omobono: Brewer dice que estaba cumpliendo su actuación profesional, le estaban pagando ...

P. P.: Si definitivamente eso es muy loable ... Él se sentó a hacer el documento y además con las bases democráticas e institucionales y acogidas en la Constitución Nacional; y por detrás estaba Juancho Mejías, Daniel Romero e Isaac Pérez diciéndole quita y pon; o sea, esta no va, esto sí va, vamos, tenemos que eliminar la Asamblea, tenemos que cambiarle el nombre a Venezuela, este tipo de cosa, y Brewer por supuesto se quedó con las manos: <¡pero es que esto no puede ser!>».

h) Interpelación que se le hizo a la señora Poleo en la Comisión Especial de la Asamblea Nacional, el 10 de mayo de 2002, transmitida en vivo por Venezolana de Televisión y Globovisión, y en la que ésta declaró sobre el señor Brewer, según se recoge en: Albor Rodríguez (ed.), «Verdades, Mentiras y Vídeos. Lo más relevante de las interpelaciones en la Asamblea Nacional sobre los sucesos de abril», Caracas 2002, p. 44, lo siguiente (elemento probatorio 22):

«Brewer Carías comenzó a hacer el decreto y entre Daniel Carmona e Isaac Pérez Recao lo hicieron correcciones, le dictaban cosas que él tenía que introducir en el decreto y eso terminó siendo pues el adefesio ese que vimos finalmente. Eso fue el jueves en la noche para amanecer el viernes».

2. El derecho a la presunción de inocencia

a) El reconocimiento de este derecho en los textos internacionales y nacionales

El derecho a la presunción de inocencia constituye uno de los derechos fundamentales de cualquier Estado democrático, y como tal ha sido consagrado en los tratados multilaterales de derechos humanos, así como en las Constituciones de los Estados de Derecho.

Y así, dicho derecho aparece reconocido en el art. 11.1 DUDH («Toda persona acusada de delito tiene derecho a que se presuma su inocencia mientras no se pruebe su culpabilidad»), en el art. 14.2 PIDCP («Toda persona acusada de un delito tiene derecho a que se presuma su inocencia mientras no se pruebe su culpabilidad conforme a la ley»), en el art. XXVI DADDH («Se presume que todo acusado es inocente, hasta que se pruebe que es culpable»), en el art. 8.2 CASDH («Toda persona inculpada de delito tiene derecho a que se presuma su inocencia mientras no se establezca legalmente su culpabilidad»), en el art. 6.2 CEPDHLF («Toda persona acusada de una infracción se presume inocente hasta que su culpabilidad no haya sido legalmente declarada»), en el art. 49.2 CNRB («Toda persona se presume inocente mientras no se pruebe lo contrario»), en el art. 8 COPP («Cualquiera a quien se le impute la comisión de un hecho punible tiene derecho a que se le presuma inocente y a que se le trate como tal, mientras no se establezca su culpabilidad mediante sentencia firme»), y en el art. 24.2 CE («... todos tienen derecho ... a la presunción de inocencia»).

De estos textos internacionales, y en virtud de los arts. 22 y 23 CNRB, tienen jerarquía constitucional en Venezuela la DUDH, la DAD, la CASDH y el PIDCP. Asimismo, y en virtud del art. 10.2 CE («Las normas relativas a los derechos fundamentales y a las libertades que la Constitución reconoce se interpretarán de conformidad con la Declaración Universal de Derechos Humanos y los tratados y acuerdos internacionales sobre las mismas materias ratificados por España»), la DUDH, el PIDCP y la CEPDHLF también tienen en España jerarquía constitucional.

b) El contenido del derecho a la presunción de inocencia

El derecho a la presunción de inocencia «significa que se presume que los ciudadanos no son autores de hechos o conductas tipificadas como delito y que **la prueba de la concurrencia de los elementos del tipo delictivo corresponde a quienes, en el correspondiente proceso penal, asumen la condición de parte acusadora**» (sentencias del TC 105/1988, de 8 de junio, y 35/1995, de 6 de febrero, entre otras), habiéndose establecido por el mismo Tribunal Constitucional español que «**su contenido esencial [del derecho a la presunción de inocencia] se identifica como el derecho a no ser condenado si no es en virtud de pruebas de cargo, obtenidas con todas las garantías, a través de las cuales sea posible considerar acreditado, de forma no irrazonable conforme a las reglas de la lógica y la experiencia, el hecho punible en todos sus elementos y la intervención del acusado en los mismos**» (sentencias del TC 31/1981 de 28 de julio, 124/1990, de 2 de julio, 189/1998, de 28 de septiembre, 229/1999, de 13 de diciembre, y 209/2001, de 2 de octubre, entre otras), ya que «la carga de la prueba corresponde enteramente a los acusadores, **sin que en ningún caso pueda derivarse para el ciudadano acusado la carga de probar su inocencia**» (sentencias del TC 124/1983, de 21 de diciembre, 64/1986, de 21 de mayo, 44/1987, de 9 de abril, y 283/1994, de 24 de octubre, entre otras), y «**sin que sea exigible al inculpado una <*probatio diabolica*> de los hechos negativos**» (sentencia del TC 45/1997, de 11 de marzo, entre otras).

3. La condición de doña Patricia Poleo como testigo de referencia o indirecto

Aunque doña Patricia Poleo hubiera manifestado que era **testigo presencial** de cómo el señor Brewer-Carías habría redactado y elaborado el «Acta de Constitución del Gobierno de Transición Democrática y Unidad Nacional», a la vista de lo **contradictorio** de sus propias declaraciones, difícilmente se podría valorar su testimonio como uno de cargo capaz de desvirtuar la presunción de inocencia de dicho señor Brewer. Pues, mientras que, por una parte, la señora Poleo afirma que, en efecto, don Allan R. Brewer-Carías habría sido el redactor del «Acta» (así, en los elementos probatorios 6, 10 y 22), por otra, doña Patricia Poleo mantiene que «[a Brewer] le quitaron el papel de las manos» y que los redactores fueron Daniel Romero e Isaac Pérez Recao (elemento probatorio 15), que «quien finalmente los redactó [los decretos] fue [Daniel Romero], y en eso Brewer tiene razón, dice que él no fue el autor del decreto» (elemento probatorio 18), sin que se alcance a entender tampoco como la señora Poleo puede expresar, por una parte, que el señor Brewer estuvo de acuerdo en cambiar el nombre del país y en eliminar la Asamblea Nacional (quien trató de hacer ver que eso no era «sostenible jurídicamente» «[se ganó] la sonrisa despectiva de Brewer», elemento probatorio 7), y, por otra, y al mismo tiempo, que, según el señor Brewer-Carías «eso era antidemocrático» (elemento probatorio 15), que «por supuesto ... Brewer no estuvo de acuerdo en disolver la Asamblea Nacional y se los dijo; por supuesto que no estuvo de acuerdo en cambiar inmediatamente el nombre de Venezuela» (elemento probatorio

17), y que «Brewer actuó como buen jurista que es y les explicó que esto [la eliminación de la Asamblea y del nombre del país] no podía ser» (elementos probatorios 18 y 19).

Resumiendo: **Aunque doña Patricia Poleo hubiera sido testigo directo**, sus manifestaciones sobre la actuación de don Allan R. Brewer-Carías son tan **incompatibles** entre sí que nunca podrían haber sido tenidas en cuenta para fundamentar la imputación de éste

El hecho es, sin embargo, que la señora Poleo **no ha presenciado** cómo el señor Brewer realizaba el hecho que se le imputa –haber participado en la redacción y elaboración del «Acta de Constitución del Gobierno de Transición Democrática y Unidad Nacional»-, sino que, por el contrario, lo que ella manifiesta **se lo habrían revelado otra u otras personas que serían testigos directos de cómo don Allan R. Brewer-Carías realizaba ese comportamiento presuntamente delictivo.**

Que doña Patricia Poleo es testigo de referencia –y no directo- está fuera de discusión, ya que es ella misma la que se atribuye esa condición.

En efecto: en los folios 228 ss. de la pieza XVII del Expediente la señora Poleo declara ante el Ministerio Fiscal, y entre otras cosas, lo siguiente: A la pregunta de «si usted estuvo en algún momento en Fuerte Tiuna (en la Comandancia General del Ejército) el día 12 de abril de 2002 entre las dos de la mañana y las seis de la mañana», contestó: «No». A la pregunta de «si usted vio en Fuerte Tiuna a Allan Brewer-Carías redactar el decreto del gobierno de transición del 12 de abril de 2002», contestó: «No». A la pregunta de «si usted oyó en Fuerte Tiuna (Comandancia General del Ejército) el día 12 de abril de 2002 entre las dos y las seis de la mañana a Allan Brewer-Carías diciendo: <No importa la renuncia. Ya Lucas la va a anunciar por televisión y eso será más que suficiente>», contestó: «No». A la pregunta de «si alguna vez ha visto a Allan Brewer-Carías abrazando a Isaac Pérez Recao», contestó: «No». A la pregunta de «si alguna vez ha visto u oído al ciudadano Isaac Pérez Recao y a Daniel Romero dictándole algo a Allan Brewer-Carías», contestó: «No». Finalmente, la señora Poleo finaliza su entrevista ante el Ministerio Público declarando, por propia iniciativa, que «el presente cuestionario [las preguntas que le ha formulado el Ministerio Fiscal] evidentemente está dirigido a intentar descalificar informaciones publicadas por mí en el diario <El Nuevo País> referente a los hechos del 11, 12 y 13 de abril, **haciendo ver que si yo no estuve presente durante el desarrollo de ciertos acontecimientos, entonces no podría hablar de ellos.** El trabajo publicado en <El Nuevo País> es producto de una investigación profunda de una recabación de datos y testimonios, **de personas que presenciaron los acontecimientos y que efectivamente vieron cómo Allan Brewer-Carías redactaba el decreto de Carmona acompañado por Daniel Romero e Isaac Pérez Recao».**

4. *Testigo de referencia o indirecto y derecho a la presunción de inocencia*

a) Introducción

Como ha establecido la jurisprudencia del Tribunal Constitucional español y del Tribunal Europeo de Derechos Humanos de Estrasburgo, la prueba de un testigo de referencia como testigo de cargo es una «poco recomendable» (sentencias del TC 217/1989, de 21 de diciembre, 35/1995, de 6 de febrero, 7/1999, de 8 de febrero, y 68/2002, de 21 de marzo, entre otras), ya que «existe un justificado recelo contra ella» (sentencia del TC 217/1989, de 21 de diciembre, entre otras), al tratarse de «un medio que puede despertar importantes recelos o reservas para su aceptación sin más como instrumento apto para desvirtuar la presunción de inocencia» (sentencias del TC 155/2002, de 22 de julio, y 219/2002, de 25 de noviembre, entre otras), por lo que dicha prueba posee un «carácter excepcional» (sentencias del TC 79/1994, de 14 de marzo, y 68/2002, de 21 marzo, entre otras).

No obstante y en casos extremos, el testimonio de un testigo de referencia **podría** aceptarse **–sin que, por supuesto, tuviera carácter vinculante, ya que, como expresa la sentencia del TC 155/2002, de 22 de julio, «dado su carácter indirecto el testigo de referencia tiene un valor probatorio disminuido»-** siempre que concurran los siguientes **dos requisitos**: En primer lugar, es absolutamente necesario que el testigo de referencia especifique **quién** es el testigo directo del que ha recibido la información; y en segundo lugar, **y aunque se haya producido esa identificación**, sólo cuando sea **objetivamente imposible** oír la declaración del testigo directo, ésta podría ser **sustituida** por la del indirecto.

b) La jurisprudencia de los Tribunales Constitucional y Supremo españoles, y del Tribunal Europeo de Derechos Humanos de Estrasburgo, sobre el testigo de referencia, y la aptitud para que su testimonio pueda enervar la presunción de inocencia

aa) Como acabo de señalar supra a), el primer requisito para que puedan ser tenidas en cuenta las manifestaciones de un testigo de referencia es que éste indique quién es el testigo directo que le sirve de dicha referencia y que ha percibido de manera inmediata el hecho punible.

El art. 710 de la Ley de Enjuiciamiento Criminal española establece que «los testigos expresarán la razón de su dicho y, **si fueren de referencia, precisarán el origen de la noticia, designando con su nombre y apellido, o con las señas con que fuere conocida, a la persona que se la hubiere comunicado**», de tal manera que será rechazada por fiscales, jueces y tribunales cualquier testimonio de referencia en el que el testigo no dé cuenta de quién es la persona de la que ha recibido la noticia de lo que declara, siendo esta la doctrina que, naturalmente, mantienen, tanto el Tribunal Supremo, como el Tribunal Constitucional, como el Tribunal Europeo de Derechos Humanos.

Y así, por ejemplo, el TS, en su sentencia de 17 de enero de 2003, A. 1980, expresa lo siguiente:

«En consecuencia, **sólo podrá tomarse como prueba de cargo o signo incriminatorio [del testigo de referencia]**, según una reiterada jurisprudencia de esta Sala –sentencias 17 febrero, 11 abril, 13 mayo y 12 julio 1996, y 24 febrero 1997-, y del Tribunal Constitucional –sentencias 303/1993, de 25 de octubre, y 74/1994, de 14 de marzo-, y del Tribunal Europeo de Derecho Humanos en los casos Delta, Isgrò, Asch, Windisch, Kostovski y Lüdi, **el que admite el artículo 710 de la Ley de Enjuiciamiento Criminal**».

Por su parte, el Tribunal Constitucional, en su sentencia 35/1995, de 6 de febrero, anuló una sentencia de un Juzgado de lo Penal de Barcelona, y otra dictada en apelación por la Audiencia Provincial de Barcelona, **por vulneración del principio de presunción de inocencia**, en un caso en el que se había admitido como prueba de cargo el testimonio de un testigo de referencia que no había identificado quién era el testigo referido. Y así, se puede leer en la mencionada sentencia del TC 35/1995:

«Estas circunstancias se acentúan aún más si se toman en consideración las particulares circunstancias del caso: El hecho de que **el testigo de referencia** narraba unos hechos que no había oído directamente de la víctima, sino de una tercera persona, **no identificada en ningún momento**, sin que quedase siquiera constancia de la fidelidad de la traducción efectuada por aquélla, ya que tampoco constaba su nivel de dominio del castellano, lo que, por si solo, **a la luz de lo dispuesto en el art. 710 LECrim, invalidaría el testimonio de referencia, incluso si se prescindiera de las consideraciones que se han hecho con anterioridad.**

Es obligado, pues, concluir que, efectivamente, las resoluciones judiciales que apreciaron la existencia de violencia en la sustracción del bolso en cuestión con solo fundamento en el testimonio de referencia (irrelevante a efectos de desvirtuar la presunción de inocencia por las razones expuestas) han vulnerado el art. 24.2 CE, debiendo, en consecuencia, estimarse la demanda de amparo.

Para restablecer el derecho del actor a la presunción de inocencia en lo referente al carácter violento de la sustracción, resulta necesario declarar la nulidad de las sentencias».

Idéntica doctrina se establece por el Tribunal Constitucional en su sentencia 131/1997, de 15 de julio, que se expresa en los siguientes términos:

«De lo expuesto, en aplicación de la doctrina antes mencionada, puede llegarse a la conclusión de que no se ha llevado a cabo en el proceso penal actividad probatoria que pueda entenderse de cargo. En efecto, es evidente que los hoy recurrentes han sido condenados por una falta de daños con base única y exclusivamente en las declaraciones prestadas por el señor C. D., quien siempre manifestó, como antes quedó apuntado, que él no presenció el hecho punible y que fue un amigo, **nunca identifi-**

cado, quien le dijo que los autores de los daños eran los hoy recurrentes. **Pero es igualmente evidente que el testigo directo, de existir, ni fue identificado, ni tan siquiera se intentó su identificación por el Juez de Instrucción, ni en consecuencia fue llamado a declarar en el proceso. Por ello, el testimonio indirecto o de referencia así prestado no puede entenderse como válido y suficiente para fundar la condena de los hoy recurrentes**, pues la prueba testifical indirecta nunca puede llegar a desplazar o sustituir a la prueba testifical directa sin motivo legítimo que lo justifique, dado que no consta la existencia de causa objetiva que impidiera la identificación y ulterior comparecencia en el juicio de faltas del testigo directo. **En este sentido, además, dar por válida la prueba testifical de referencia, y tal como han hecho los órganos judiciales, supondría privar a la defensa de los acusados, con infracción del art. 24.2 CE, de su derecho a interrogar al testigo directo, someter a contradicción su testimonio, y proponer, en su caso, la correspondiente prueba de descargo.**

En consecuencia, ha de concluirse que las sentencias impugnadas vulneran el derecho a la presunción de inocencia de los recurrentes (art. 24.2 CE), por lo que procede estimar el amparo y reponerles en su derecho».

La sentencia del Tribunal Europeo de Derecho Humanos de Estrasburgo de 27 de diciembre de 1990 (caso Windisch contra Austria) es de **extraordinaria importancia** para el presente Dictamen porque existe una **absoluta identidad estructural** entre el supuesto de hecho del que se ocupa esa resolución y el que está siendo objeto del presente Dictamen. En dicha sentencia, en la que se condena a Austria por vulneración del Convenio Europeo para la Protección de los Derechos Humanos y de las Libertades Fundamentales, los testigos de referencia (dos agentes de policía), cuya declaración sirvió para que los tribunales austriacos condenaran por un delito de robo a don Harald Windisch, **se negaron a identificar a los dos supuestos testigos directos (dos mujeres) que habrían presenciado cómo el señor Windisch cometía el robo**, apelando aquellos policías, para justificar por qué no descubrían quiénes eran las personas que les habían proporcionado la información, a que «la **Dirección de Policía del Tirol no ha dispensado a los agentes investigadores de su deber de guardar silencio y, por tanto, no han podido revelar la identidad de los dos [testigos directos]**», apelando, por consiguiente al secreto profesional, secreto profesional (en el caso sometido a Dictamen: el del periodista) al que precisamente se acoge la señora Poleo, implícitamente, y, como tendremos ocasión de ver más adelante, explícitamente, otros periodistas cuyos testimonios considera el Ministerio Público venezolano elementos probatorios contra don Allan R. Brewer-Carías.

En lo que sigue reproduzco de la citada sentencia de 27 de diciembre de 1990 del TEDH los pasajes sobre los que se basa para argumentar que **no es válido el testimonio de un testigo de referencia que se niega a identificar al**

testigo directo, incluso aunque esa negativa trate de justificarse con el secreto profesional:

«HECHOS.-

A.-LAS CIRCUNSTANCIAS DEL CASO

[...]

12. ... **Señaló [el Tribunal de Innsbruck] que los dos policías [los testigos de referencia] habían prometido no revelar el nombre de los testigos [directos] que temían represalias, y que la Dirección de Seguridad del Tirol no les había dispensado de su deber de respetar el secreto [...]**

14. [...] **La Dirección de policía del Tirol no ha dispensado a los agentes investigadores de su deber de guardar silencio y, por tanto, no han podido revelar la identidad de los dos [testigos directos]. [...]**

FUNDAMENTOS DE DERECHO

I. SOBRE LA VIOLACIÓN DEL ARTÍCULO 6 DEL CONVENIO

22. Se queja el señor Windisch de que el Tribunal regional de Innsbruck le condenó fundándose en las declaraciones de dos testigos anónimos, decisivas para apreciar las demás pruebas; y alega que se incumplieron los siguientes requisitos del artículo 6 del Convenio:

<1. Toda persona tiene derecho a que su causa sea oída equitativamente ... por un tribunal independiente e imparcial ... que decidirá ... sobre el fundamento de cualquier acusación en materia penal dirigida contra ella [...]

3. Todo acusado tiene como mínimo los siguientes derechos: [...]

d) A interrogar o hacer interrogar a los testigos que declaren contra él y a obtener la citación y el interrogatorio de los testigos que declaren en su favor en las mismas condiciones que los testigos que lo hagan en su contra>

23. Como las garantías del apartado 3 del artículo 6 son aspectos específicos del derecho al proceso justo que reconoce el apartado 1, el Tribunal examinará la reclamación en el ámbito conjunto de los dos preceptos (véase, entre otras, la sentencia Kostovski de 20 de noviembre de 1989).

Aunque las dos personas no identificadas no declararon en persona en el acto del juicio, han de considerarse como testigos a los efectos del art. 6.3.d) –el término se interpreta de manera autónoma (sentencia Bönisch de 6 de mayo de 1985)-, ya que sus declaraciones, **tal como las relataron los funcionarios de policía**, de hecho estuvieron ante el tribunal regional, que las tuvo en cuenta (aps. 12 a 14, supra) [...]

27. En el caso de autos, las dos personas de que se trata sólo fueron oídas durante el período de instrucción por los funcionarios de policía que llevaban la investigación, quienes declararon después en el acto del juicio sobre dicho testimonio. Sus autores no fueron interrogados ni por el tribunal ni por el juez instructor (aps. 10 a 13, supra).

Por tanto, ni él ni su abogado –a pesar de sus reiteradas peticiones (ap. 12, supra)- tuvieron nunca la ocasión de interrogar a unos testigos cuyas declaraciones se hicieron sin su presencia, y que se refirieron después por terceras personas durante el juicio y se tuvieron en cuenta por el tribunal, tal como resulta del fallo [del Tribunal de Innsbruck] de 20 de noviembre de 1985 (ap.14, supra).

28. Ciertamente, durante las audiencias de los días 6 y 20 de noviembre de 1985 la defensa pudo interrogar sobre las declaraciones de las dos mujeres a dos de los funcionarios de policía que habían participado en la investigación. Además, en opinión del Gobierno [austriaco], el señor Windisch habría podido formular preguntas por escrito a las mujeres si lo hubiera pedido durante el juicio. **Sin embargo, estas posibilidades no pueden sustituir al derecho a interrogar directamente ante el tribunal a los testigos de la acusación. En particular, la naturaleza y el alcance de las preguntas que podían formularse de una u otra manera estaban muy limitados por la resolución de dejar en el anonimato a las dos personas en cuestión (aps. 12 y 14, supra; véase también la sentencia Kostovski, previamente citada).**

Al desconocer su identidad, la defensa sufrió una desventaja casi insuperable; le faltaban las necesarias informaciones para apreciar el crédito de los testigos o ponerlo en duda (ibidem).

29. Además, el tribunal, que tampoco conocía el nombre de las dos mujeres [de las dos testigos directos], no pudo observar su comportamiento durante un interrogatorio ni formarse una opinión sobre el crédito que merecían (sentencia Kostovski, ya citada). No se puede considerar la declaración de los policías sobre este extremo en el juicio equivalente a una observación directa.

30. Invoca el Gobierno [austriaco] el legítimo interés de las dos mujeres a ocultar su identidad ... Pero el derecho a una buena administración de justicia es tan importante en una sociedad democrática que no se puede sacrificar.

31. Hay que subrayar, como el demandante, que en este caso nadie vio cometer el delito; **las informaciones facilitadas y la identificación hecha por los dos testigos anónimos fueron las únicas pruebas de presencia del acusado en el lugar en que se cometió, todo ello decisivo durante la instrucción y el juicio (aps. 10 y 12, supra). El tribunal se fundó ampliamente en esta prueba para la declaración de culpabilidad (ap. 14, supra).**

32. Por consiguiente, se ha violado el apartado 3.d) en relación con el 1 del art. 6 [CEPDHLF] […]

POR ESTOS MOTIVOS, EL TRIBUNAL, POR UNANIMIDAD,

Declara que se ha violado el apartado 3.d) en relación con el apartado 1 del art. 6 del Convenio».

A pesar de que en el supuesto de hecho de esta sentencia del TEDH al acusado, señor Windisch, se le reconoció al menos el derecho a preguntar por escrito a los testigos directos no identificados y anónimos –un derecho que ni siquiera se le concede al señor Brewer-Carías-, no obstante, el Tribunal europeo estima que al demandante se le siguen vulnerando sus derechos humanos. Por lo demás, y como don Harald Windisch no alegó que, asimismo, se había vulnerado su derecho a la presunción de inocencia, el TEDH –al venir limitado por los términos de la demanda de aquél- no pudo entrar en la –como ha establecido el TC español- también evidente vulneración de aquel derecho, condenando a Austria únicamente sobre la base del precepto del CEPDHLF invocado por el demandante: al haber sido condenado por los testimonios de dos testigos de referencia que se negaron a identificar a los directos, con ello se vulneró, **también**, el derecho de defensa: porque, en efecto, y como expondremos infra 5, la admisión de tales testimonios como prueba de cargo, no sólo lesiona el derecho a la presunción de inocencia, sino que, además, coloca al imputado en una situación de indefensión incompatible con los textos internacionales y nacionales de derechos humanos.

A lo expuesto hay que añadir que el motivo al que se acogieron los policías testigos de referencia para ocultar la identidad de los directos fue el del secreto profesional, que es también al que parece acogerse la señora Poleo, y al que apelan, expresa e igualmente, y como tendremos ocasión de comprobar más adelante, otros periodistas para no revelar quiénes habrían sido sus supuestos informantes, presuntos testigos directos de los hechos que se le imputan al señor Brewer-Carías. Pues bien: El secreto policial es tan respetable como el de los periodistas y, si no quieren quebrantarlo, son muy libres de no hacerlo; pero lo que no pueden pretender ni los unos ni los otros es que, entonces, y a pesar de ello, sus testimonios de referencia pudieran servir –quebrantando también el todavía más respetable (porque es un derecho humano fundamental) derecho a la presunción de inocencia- para burlar el principio de que toda persona será reputada inocente mientras no se acredite lo contrario en virtud de una prueba válida de cargo.

bb) Con lo expresado hasta ahora podríamos cerrar ya esta exposición dedicada a fundamentar por qué los supuestos elementos probatorios 6, 7, 10, 15, 17, 18, 19 y 22 -es decir: los artículos periodísticos y las manifestaciones televisivas de la señora Poleo- carecen de cualquier valor para destruir la presunción de inocencia del señor Brewer-Carías: porque doña Patricia Poleo es una supuesta testigo de referencia, y porque su testimonio **sólo puede admitirse como prueba de cargo si identifica y especifica quiénes son los testigos directos –si es que realmente han existido- que le habrían facilitado esas supuestas informaciones.**

Pero es que, ni siquiera aunque doña Patricia Poleo hubiera hecho saber la Ministerio Público la identidad de sus supuestos informantes –lo que no ha hecho-, ello habría bastado para enervar la presunción de inocencia de don Allan R. Brewer-Carías.

Según la unánime doctrina del TS, del TC y del TEDH, el testimonio de un testigo de referencia, **aún en el caso de que haya identificado quién es el testigo referido, sólo puede ser tenido en cuenta cuando haya sido objetivamente imposible recibir declaración al testigo directo**, porque, por ejemplo, a pesar de todos los esfuerzos (incluidos la búsqueda policial) no se le haya podido localizar (así, los supuestos de hecho de las sentencias del TEDH de 6 de diciembre de 1988, caso Barberá, Messegué y Gabardo contra España, y de 19 de febrero de 1991, caso Isgrò contra Italia), o dicho testigo directo haya fallecido ya (sentencias del TC 41/1991, de 25 de febrero, y 209/2001, de 22 de octubre), o haya caído en una situación en la que no está en el pleno uso de sus facultades mentales (sentencia del TC 80/2003, de 28 de abril).

En este sentido se ha manifestado el Tribunal Constitucional español en, entre otras:

- La sentencia 79/1994, de 14 de marzo:

 «La declaración del testigo de referencia no puede sustituir la del testigo principal; antes al contrario, cuando existen testigos presenciales, el órgano debe oírlos directamente, en vez de llamar a declarar a quienes oyeron de ellos el relato de su experiencia. Por lo tanto, la necesidad de favorecer la inmediación, como principio rector del proceso en la obtención de pruebas, **impone inexcusablemente que el recurso al testimonio referencial quede limitado a aquellas situaciones excepcionales de imposibilidad real y efectiva de obtener la declaración del testigo directo o principal**».

- La sentencia del TC 7/1999, de 8 de febrero:

«Asimismo, en cuanto a la validez probatoria del testimonio de referencia de los funcionarios policiales que presenciaron la identificación fotográfica del hoy recurrente, tiene igualmente establecido este Tribunal que sólo será admisible en supuestos de <situaciones excepcionales de imposibilidad real y efectiva de obtener la declaración del testigo directo y principal> (sentencia del TC 79/1994), siendo medio de prueba <poco recomendable, pues en muchos casos supone eludir el oportuno debate sobre la realidad misma de los hechos y el dar valor a los dichos de personas que no han comparecido en el proceso> (sentencia del TC 217/1989). Concluyendo que la <prueba testifical indirecta nunca puede llegar a desplazar o sustituir totalmente la prueba testifical directa, salvo en los casos de imposibilidad material de comparecencia del testigo presencial> (sentencia del TC 303/1993). En este punto, nos sigue diciendo la sentencia del TC 35/1995, y reitera la sentencia del TC 131/1997, **este**

Tribunal sigue el canon hermenéutico proporcionado por el TEDH, que tiene declarado contrario al art. 6 del Convenio la sustitución del testigo directo por el indirecto sin causa legítima que justifique la inasistencia de aquél, por cuanto, de un lado, priva al tribunal de formarse un juicio sobre la veracidad o credibilidad del testimonio indirecto al no poder confrontarlo con el directo, y, de otro, vulnera el derecho del acusado a interrogar y contestar a los testigos directos (sentencias del TEDH de 19 de diciembre de 1990, caso Delta, 19 de febrero de 1991, caso Isgrò, y 26 de abril de 1991, caso Asch, entre otras).

Pues bien, la aplicación de estas reglas al caso enjuiciado conduce sin género de dudas al otorgamiento del amparo pretendido. En efecto, la ausencia injustificada del testigo/denunciante –por más que se tratase, al parecer, de persona de nacionalidad no española, consta claramente en las actuaciones que poseía domicilio en Madrid donde fue debidamente citada- no implica la circunstancia de imposibilidad de práctica de la prueba ante la autoridad y con las debidas garantías de contradicción e inmediación que nuestra jurisprudencia exige para que el reconocimiento que realizó en sede policial pudiera considerarse como medio probatorio válido de extremo alguno. **Asimismo, y por lo que se refiere al testimonio de referencia proporcionado por uno de los agentes policiales, éste en ningún modo podrá sustituir al testimonio directo de la denunciante en las circunstancias del supuesto, pues no existió ningún tipo de imposibilidad, ni siquiera dificultad más o menos grave, para que ese testimonio directo se produjera en las condiciones constitucionalmente exigibles.**

Carentes, por todo ello, de valor probatorio de cargo las diligencias policiales y el testimonio indirecto de los funcionarios de ese carácter, sólo resta como indicio en el que se basó la destrucción de la presunción de inocencia del recurrente la existencia de una cámara de fotos rota. **Sobran más argumentos para fundar la resolución que inmediatamente adoptamos.**

FALLO

Otorgar el amparo solicitado por don Esteban R. D. y, en su virtud:

Reconocer que se ha lesionado el derecho del recurrente a la presunción de inocencia (art. 24.2 de la Constitución Española)».

- Y la sentencia del TC 68/2002, de 21 de marzo:

«En esa medida, dado su carácter excepcional, hemos afirmado siempre que <la admisión del testimonio de referencia se encuentra subordinada al requisito de que su utilización en el proceso resulte inevitable y necesaria>, afirmando que el hecho de que la prueba testifical de referencia sea un medio probatorio de valoración constitucionalmente permitida no significa, como se indicaba en la sentencia del TC 303/1993, que, sin más, pueda erigirse en suficiente para desvirtuar la presunción de inocencia, ya que, como se señalaba en la sentencia del TC 217/1989, la declaración del testigo de referencia no puede sustituir la del testigo principal; antes al contrario, cuando existan testigos presenciales, el órgano debe oírlos directamente, en vez de llamar a declarar a quienes oyeron de ellos el relato de su experiencia. **Por lo tanto, la necesidad de favorecer la inmediación, como principio rector del proceso de obtención de las pruebas impone necesariamente que el recurso al testimonio referencial quede limitado a aquellas situaciones excepcionales de imposibilidad real y efectiva de obtener la declaración del testigo directo o principal».**

Por consiguiente, y resumiendo todo lo expuesto hasta ahora: Los testimonios de la testigo de referencia doña Patricia Poleo no pueden enervar la presunción de inocencia del señor Brewer-Carías, porque aquélla se ha negado a facilitar quiénes son sus supuestos informantes. Además, y aunque hubiera proporcionado la identidad de éstos –lo que no hizo- su testimonio de referencia, en ese caso, sólo habría podido ser tenido en cuenta sin lesionar aquel derecho para el supuesto de que, por ejemplo, por fallecimiento o por no habérsele podido localizar, hubiera sido objetivamente imposible recibir declaración al testigo directo: únicamente entonces es jurídicamente admisible sustituir el testimonio del testigo directo por el del indirecto. Por todo ello, y al tener en cuenta las manifestaciones de la testigo de referencia señora Poleo como elementos probatorios para formular el acta de imputación, el Ministerio Público ha vulnerado el derecho a la presunción de inocencia de don Allan R. Brewer-Carías.

5. El derecho de defensa como derecho humano fundamental derivado del que toda persona tiene a un proceso justo, debido y con todas las garantías

a) El reconocimiento del derecho de defensa en los textos internacionales y nacionales

El derecho de defensa aparece reconocido:

- En el art. 11.1 DUDH:

«Toda persona acusada de delito tiene derecho a que se presuma su inocencia mientras no se pruebe su culpabilidad, conforme a la ley y en juicio público en el que se le hayan asegurado todas las garantías necesarias para su defensa».

- En el art. 14.3.e) PIDCP:

«Durante el proceso, toda persona acusada de un delito tendrá derecho, en plena igualdad, a las siguientes garantías mínimas: […]

e) A interrogar o hacer interrogar a los testigos de cargo y a obtener la comparecencia de los testigos de descargo y que éstos sean interrogados en las mismas condiciones que los testigos de cargo».

- En el art. 8.2. inciso segundo. f) CASDH:

«Durante el proceso, toda persona tiene derecho, en plena igualdad, a las siguientes garantías mínimas […]

f) derecho de la defensa de interrogar a los testigos presentes en el tribunal y de obtener la comparecencia, como testigos o peritos, de otras personas que puedan arrojar luz sobre los hechos».

- En el art. 6 (Derecho a un proceso equitativo).3.d) CEPDHLF:

«3. Todo acusado tiene, como mínimo, los siguientes derechos: […]

d) a interrogar o hacer interrogar a los testigos que declaren contra él y a obtener la citación y el interrogatorio de los testigos que declaren en su favor en las mismas condiciones que los testigos que lo hagan en su contra».

- En el art. 49.1 CNRB:

«El debido proceso se aplicará a todas las actuaciones judiciales y administrativas; en consecuencia:

1. La defensa y la asistencia jurídica son derechos inviolables en todo estado y grado de la investigación del proceso. Toda persona tiene derecho a ser notificada de los cargos por los cuales se le investiga; de acceder a las pruebas y de disponer del tiempo y de los medios adecuados para ejercer su defensa ...».

- Y en el art. 24. 2 CE:

«Asimismo, todos tienen derecho ... a un proceso ... con todas las garantías [y] a utilizar los medios de prueba pertinentes para su defensa».

b) El contenido del derecho de defensa como integrante del derecho a un proceso equitativo

En el caso del testigo de referencia el derecho de defensa puede ser vulnerado de dos maneras distintas: bien cuando el imputado no puede interrogar al testigo directo porque el de referencia se niega a identificarlo, bien porque, aunque éste haya facilitado los datos de aquél, se **sustituya** el testimonio del testigo directo por el indirecto, a pesar de que **era objetivamente posible** que el imputado pudiera interrogar al testigo presencial. En el sentido de que en esos dos supuestos existe una vulneración del derecho de defensa se han manifestado reiterada y unánimemente, tanto el Tribunal Constitucional español, como el Tribunal Europeo de Derechos Humanos, con sede en Estrasburgo. De entre las sentencias de estos dos Tribunales sobre esta materia baste con mencionar las siguientes:

Como resumen de las sentencias del Tribunal Constitucional español, y con ulteriores referencias a la jurisprudencia constitucional, la sentencia 219/ 2002, de 25 de noviembre, en la que se puede leer lo siguiente:

«En efecto, se afirma en la STC 209/2001, de 22 de octubre, transcrita en la más reciente STC 155/2002, de 22 de julio que <de un lado, incorporar al proceso declaraciones testificales a través de testimonios de referencia implica la elusión de la garantía constitucional de inmediación de la prueba al impedir que el juez presencie la declaración del testigo directo, **privándole de la percepción y captación directa de elementos que pueden ser relevantes en orden a la valoración de su credibilidad** (STC 97/1999, de 31 de mayo; en sentido similar, SSTC 217/1989, de 21 de diciembre, 79/1994, de 14 de marzo, 35/1995, de 6 de febrero, y 7/1999, de 8 de febrero). **De otro supone soslayar el derecho que asiste al acusado de interrogar al testigo directo y someter a contradicción su testimonio**, que integra el derecho al proceso con todas las garantías del art. 24.2 CE (específicamente STC 131/1997, de 15 de julio; en sentido similar, SSTC 7/1999, de 8 de febrero, y 97/1999, de 31 de mayo), y que se encuentra expresamente reconocido en el párrafo 3 del art. 6 del Convenio Europeo de Derechos Humanos como una garantía específica del proceso equitativo del art. 6.1 del mismo (STEDH de 19 de diciembre de 1990, caso Delta)».

Por lo que se refiere a la jurisprudencia del TEDH, hay que mencionar, entre otras, las siguientes sentencias:

- En primer lugar, la ya citada de 27 de diciembre de 1990 (caso *Windisch contra Austria*), en la que se expresa lo siguiente:

«Sin embargo, estas posibilidades no pueden sustituir al derecho de interrogar directamente ante un tribunal a los testigos de la acusación. En particular, la naturaleza y el alcance de las preguntas que podían formularse de una u otra manera estaban muy limitados por la resolución de dejar en el anonimato a las dos personas en cuestión ...- Al desconocer su identidad, la defensa sufrió una desventaja casi insuperable; le faltaban las necesarias informaciones para apreciar el crédito de los testigos o ponerlo en duda.- Además, el tribunal, que tampoco conocía el nombre de las dos mujeres [de las dos testigos directos], no pudo observar su comportamiento durante un interrogatorio ni formarse una opinión sobre el crédito que merecían ... – Por consiguiente, se ha violado el apartado 3.d) en relación con el 1 del art. 6 [CEDHLF]».

Y además, en otros supuestos en los que la prueba testifical se limita a la del testigo de referencia, ya que el imputado no puede interrogar al testigo directo, aunque éste declara en fase de instrucción, pero guardando el anonimato (porque es, por ejemplo, un agente infiltrado), o bien es identificado con nombre y apellidos por el testigo de referencia, pero a dicho imputado se le priva igualmente de preguntar al testigo presencial, el TEDH ha estimado también que se había conculcado el derecho de defensa en, entre otras, las siguientes sentencias:

- La sentencia de 20 de noviembre de 1989 (caso *Kostovski contra Países Bajos*):

«Ahora bien, no se dio al demandante una ocasión así, aunque era indudable que deseaba discutir el testimonio de las personas anónimas de que se trataba e interrogarles. No sólo no declararon en juicio, sino que sus declaraciones fueron recogidas por la policía o por el juez de instrucción en ausencia del señor Kostovski y de su abogado, quienes no pudieron preguntarles en ningún momento de las actuaciones [...]

Si la defensa desconoce la identidad de la persona a la que intenta interrogar, puede verse privada de datos que precisamente le permitan probar que es parcial, hostil o indigna de crédito. Un testimonio, o cualquier otra declaración en contra del inculpado, pueden muy bien ser falsos o deberse a un mero error; y la defensa difícilmente podrá demostrarlo si no tiene las informaciones que le permitan fiscalizar la credibilidad del autor o ponerla en duda. Son evidentes los peligros inherentes a una situación así [...]

Por consiguiente, el Tribunal entiende que, en las circunstancias del caso, los derechos de la defensa sufrieron tales limitaciones que no puede decirse que el señor Kostovski tuviera un proceso justo. En consecuencia, se llega a la conclusión de que hubo violación del apartado 3.d) en relación con el 1 del art. 6 [CEDHLF]».

- La sentencia del TEDH de 19 de diciembre de 1990 (caso *Delta contra Francia*):

«Los elementos de prueba deben ser normalmente presentados ante el acusado en vista pública con el fin de que exista un debate contradictorio. Esto no implica que la declaración de un testigo deba tener lugar siempre en la sala de audiencias y en público para poder servir de prueba; así pues, utilizar las declaraciones que se remontan a la fase de instrucción preparatoria no vulnera el art. 6.3.d) y 6.1, siempre que se respeten los derechos de la defensa. Por norma general, éstos exigen conceder al acusado una ocasión adecuada y suficiente para oponerse a un testimonio en su contra e interrogar a su autor, en el momento de la declaración o más tarde (sentencia Kostovski de 20 de noviembre de 1989).

En la investigación, las señoritas Poggi y Blin [las **testigos directas**, que no pudieron ser interrogadas por el imputado] fueron escuchadas únicamente por el policía de seguridad Bonci y por el inspector que levantó acta de sus declaraciones [los testigos de referencia a quienes sí que pudo interrogar el imputado]. No fueron interrogadas ni por un magistrado instructor, dado el recurso al procedimiento de acceso directo, ni por los tribunales de instancia [...].

Por todo ello, ni el demandante ni su abogado tuvieron ocasión de interrogar a las testigos [directas] cuyas declaraciones, tomadas en ausencia y transmitidas más tarde por un funcionario de policía [testigo de referencia] que no presenció la agresión en el metro, fueron tenidas en consideración por el juez de manera determinante.

En resumen, los derechos de la defensa sufrieron tales limitaciones que el señor Delta no se benefició de un proceso equitativo. Por tanto, ha habido violación del párrafo 3.d) del art. 6, en relación con el párrafo 1 [CEDHLF]».

- La sentencia del TEDH de 27 de febrero de 2001 (caso *Lucá contra Italia*):

«En efecto, y tal como ha señalado en ocasiones el Tribunal (ver, entre otras, sentencias Isgrò contra Italia de 19 de febrero de 1991, y Lüdí contra Suiza previamente citada), en algunas ocasiones puede resultar necesario, para las autoridades judiciales, recurrir a declaraciones que se remontan a la fase de instrucción previa. Si el acusado ha dispuesto de una ocasión adecuada y suficiente para responder a dichas declaraciones, en el momento de ser efectuadas o más tarde, su utilización no vulnera en sí misma los arts. 6.1 y 6.3 d). De ello resulta, no obstante, que los derechos de defensa se encuentran limitados de forma incompatible por las garantías del art. 6 cuando una condena se basa, únicamente o de manera importante, en declaraciones hechas por una persona que el acusado no ha podido interrogar o hacer interrogar ni en la fase de instrucción ni durante los debates (ver sentencias Unterpertinger contra Austria de 24 de noviembre de 1986; Saïdi contra Francia de 20 de septiembre de 1993, y van Mechelen y otros, previamente citada; ver asimismo Dorigo contra Italia) [...]

En este caso, el Tribunal señala que, para condenar al demandante, los tribunales internos se basaron exclusivamente en las declaraciones hechas por N. [el testigo directo] con anterioridad al proceso y que ni el demandante ni su abogado tuvieron, en ninguna fase del procedimiento, la posibilidad de interrogarle [...] .

El interesado no gozó pues de un proceso equitativo; por lo tanto, hubo violación de los arts. 6.1 y 6.3 d) [CEDHLF]».

6. Consideraciones finales sobre los supuestos elementos probatorios 6, 7, 10, 15, 17, 18, 19 y 22

De todo lo expuesto hasta ahora se deduce que los testimonios de doña Patricia Poleo no pueden considerarse pruebas de cargo válidas contra el señor Brewer-Carías.

- **Porque, aunque la señora Poleo hubiera sido testigo presencial –que, como ella misma reconoce, no lo es-,** su testimonio es tan contradictorio, y las afirmaciones que expresa tan incompatibles entre sí –tal como se ha demostrado supra 3-, **que tampoco entonces podría haber sido considerado uno de cargo,** ya que en sus declaraciones dice, **al mismo tiempo,** que el señor Brewer-

Carías fue el redactor del Decreto, y que no lo fue, que sonreía despectivamente a quienes objetaban que no se podía cambiar el nombre del país ni disolver la Asamblea, mientras que, por otra parte, la misma periodista asegura que aquél consideraba esa decisión «antidemocrática», «que no estuvo de acuerdo en disolver la Asamblea Nacional, y se los dijo», que «**por supuesto** ... no estuvo de acuerdo en cambiar inmediatamente el nombre de Venezuela», y que «como buen jurista que es les explicó que «esto [la eliminación de la Asamblea y el cambio del nombre del país] no podía ser».

Por todo ello, y aunque doña Patricia Poleo hubiera sido un testigo directo, su testimonio no puede servir de base para formular imputación alguna contra el señor Brewer-Carías, porque de ese testimonio ni se deduce, más allá de cualquier duda razonable, que aquél participara en la redacción y elaboración del Decreto, ni mucho menos aún que estuviera de acuerdo con la disolución de los Poderes Públicos y el cambio de denominación de Venezuela.

- Porque el testimonio de la señora Poleo como testigo de referencia –**que es la condición que ella misma se atribuye**- sólo puede admitirse como prueba de cargo, sin vulnerar el derecho a la presunción de inocencia, si hubiera identificado y especificado quiénes eran los testigos presenciales –si es que realmente hubieran existido- que le habrían facilitado las supuestas informaciones de que don Allan R. Brewer-Carías habría redactado y elaborado el «Acta» en cuestión.

- Porque, aunque la señora Poleo hubiera proporcionado la identidad de los supuestos testigos directos –lo que no hizo-, su testimonio de referencia sólo habría podido ser tenido en cuenta –sin lesionar igualmente el derecho del señor Brewer-Carías a la presunción de inocencia- en el supuesto de que, por ejemplo, por fallecimiento o por no habérseles podido localizar, hubiera sido objetivamente imposible recibir declaración a dichos supuestos testigos presenciales, ya que sólo en este caso de «imposibilidad objetiva» el testimonio de referencia puede sustituir al directo.

- Porque, al admitir el Ministerio Público los testimonios de referencia de la señora Poleo como testimonios de cargo hábiles, sin que aquélla identificara quiénes eran los testigos directos, y por mucho que aquélla pretenda acogerse al secreto profesional, se ha vulnerado, **además,** el derecho de defensa del señor Brewer-Carías, como emanación del derecho a un proceso justo, equitativo y con todas las garantías, ya que se le ha privado de la posibilidad de interrogar a dichos supuestos testigos presenciales, y, con ello, de la posibilidad también de fiscalizar la credibilidad de éstos, o ponerla en duda, así como de poder acreditar que son unos testigos hostiles o parciales. A la misma conclusión- vulneración del derecho de defensa- habría que llegar si, aunque doña Patricia Poleo hubiera identificado a sus supuestos informantes –lo que no hizo-, se le hubiera privado a don Allan R. Brewer-Carías de la posibilidad de interrogarles.

B. **El artículo publicado en el diario «***El Nacional***» de 13 de abril de 2002 por Doña Laura Weffer Cifuentes (elemento probatorio 3)**

1. Su contenido

En el referido artículo la señora Weffer escribe lo siguiente.

«Al llegar al estacionamiento del edificio [de Fuerte Tiuna], a las 6:18 de la mañana, a Carmona le esperaba el abogado Allan Brewer Carías, así como un grupo de seguridad que tuvo una complicación producto de la improvisación. No habían tomado la previsión de asignar escoltas para el ex presidente de Fedecámaras, además el chofer de la camioneta, en la que habían llegado, estaba desaparecido».

2. Al tener en cuenta el artículo de doña Laura Weffer Cifuentes como elemento probatorio de cargo, el Ministerio Público está vulnerando con ello, otra vez, el derecho a la presunción de inocencia de don Allan R. Brewer-Carías

Contra la estimación por el Ministerio Público del artículo de la señora Weffer como elemento probatorio hay que alegar:

a) En primer lugar, que difícilmente puede derivarse de ese artículo que el señor Brewer-Carías haya participado –como le imputa el Ministerio Fiscal– en la redacción y elaboración del «Acta de Constitución del Gobierno de Transición Democrática y Unidad Nacional», **siendo así que la señora Weffer se limita a decir que el señor Brewer-Carías estaba presente en la madrugada del 12 de abril de 2002 en el estacionamiento de Fuerte Tiuna, sin que en ningún pasaje del texto aparecido en el diario «***El Nacional***» afirme la testigo -¿cómo lo puede afirmar, entonces, el Ministerio Público?- que aquél haya tenido participación alguna en la elaboración de dicha «Acta».**

b) En segundo lugar, que don Allan R. Brewer-Carías ha explicado y justificado reiteradamente ante el Ministerio Fiscal la razón de su presencia en Fuerte Tiuna: fue llamado a ese lugar por don Pedro Carmona Estanga para que emitiera su opinión de experto sobre un documento ya redactado por otros de decreto de gobierno de transición, **opinión que, en efecto, manifestó el señor Brewer-Carías, descalificando jurídicamente dicho documento.**

c) Finalmente, la atribución al artículo de la señora Weffer de que tiene el carácter de elemento probatorio de cargo contra el señor Brewer, supone una abierta vulneración del derecho fundamental de éste a la presunción de inocencia:

Ya que, por una parte, no está acreditado si la elaboración del «Acta» –que es lo que se le imputa a don Allan R. Brewer-Carías- tuvo lugar en Fuerte Tiuna, o ya había sido redactada previamente, por lo que del referido artículo ni siquiera se deduce la **presencia** del imputado en el lugar de los hechos.

Y ya que, por otra parte, aunque se hubiera acreditado que el señor Brewer estuvo presente allí donde se redactó el documento, tampoco esa mera presencia podría justificar nunca, por sí sola, a no ser que se vulnerara la presunción de inocencia, que aquél habría intervenido en la comisión del hecho punible. Como expresa en TC, en su sentencia 283/1994, de 24 de octubre, para que «la presunción de inocencia quede desvirtuada con una suficiente actividad probatoria de cargo ... es necesario que la prueba practicada evidencie no sólo la comisión de un hecho punible, **sino también <todo lo atinente a la participación que en él tuvo el acusado> (STC 118/1991, y, en igual sentido, STC 150/1989). Pues es la conexión entre ambos elementos la que fundamenta la acusación contra una persona, y, lógicamente, uno y otro han de ser objeto de prueba»** (véanse también, en el mismo sentido, las sentencias del TC 24/1997, de 11 de febrero, 45/1997, de 11 de mayo, y 155/2002, de 22 de julio).

Aplicando esta doctrina al supuesto sometido a Dictamen, ello quiere decir que la presunción de inocencia no queda enervada porque se haya acreditado la existencia de un hecho presuntamente delictivo (en este caso: la misma «Acta»), sino que es necesario probar también que el señor Brewer habría intervenido en su comisión, **lo que en ningún caso puede deducirse de la sola presencia de una persona en el lugar donde se ha llevado a cabo dicho hecho.** Dentro de este contexto, hay que mencionar la sentencia del TC 157/1998, de 13 de julio, cuya doctrina se reitera en la sentencia del TC 145/2005, de 6 de junio, en la que se otorga el amparo a una persona condenada por tráfico de drogas simplemente **porque había estado presente** en el Aeropuerto Madrid-Barajas, donde otras dos personas habían recogido una maleta con una sustancia estupefaciente procedente de Brasil. En dicha sentencia 157/1998 el TC expresa, entre otras cosas, lo siguiente:

> «Salvo, pues, su presencia [la de Luis Humberto T. T. T., el demandante de amparo] en el aeropuerto esperando a Carmen [una de las dos personas que recogió la droga], ningún otro acto o afirmación propios le implica y tampoco las otras condenadas le han atribuido en la operación participación alguna [...]

> En consecuencia, el Tribunal penal, a falta de una prueba directa sobre la cooperación o participación de Luis Humberto en la operación o incluso de que tuviese conocimiento de la misma, **consideró desvirtuada la presunción de su inocencia por una prueba basada en los indicios derivados de la presencia en el aeropuerto.** [...]

> [Es precisa la fundamentación] en auténticos actos de prueba, con una actividad probatoria que sea suficiente para desvirtuarla, **para lo cual es necesario que la evidencia que origine su resultado lo sea tanto con respecto a la existencia del hecho punible, como en lo atinente a la participación en él del acusado. En este sentido, la inocencia de la que habla el art. 24 CE ha de entenderse en el sentido de no autoría, no producción del daño o no participación en él** (entre otras muchas, y por citar algunas, SSTC 141/1986, 92/1987, 150/1989, 201/1989, 217/1989, 169/1990, 134/1991, 76/1993, y 131/1997). [...]

Y en el caso, según lo antes dicho, no cabe entender que de las pruebas apreciadas por el Tribunal penal y especialmente de los indicios antes señalados pudiera deducirse su participación [de Luis Humberto T. T.] en los hechos de los que fueron acusadas y condenadas Carmen Yolanda y María da C., **puesto que de la presencia del recurrente en el aeropuerto no se advierte la constancia de un enlace lógico, preciso y directo del que resulte la certeza de la intervención del recurrente. No puede, pues, reputarse desvirtuada la presunción de inocencia de éste, habiendo de concluirse que se le ha vulnerado este derecho (art. 24.2 CE). Por ello procede estimar el amparo y reponer al recurrente en su derecho».**

3. Resumen de por qué no puede tener el carácter de elemento probatorio el artículo de la señora Weffer

Resumiendo lo anterior, las razones por las que no puede considerarse elemento probatorio el artículo de doña Laura Weffer son: porque ésta no afirma en ningún pasaje de su artículo que el señor Brewer-Carías haya intervenido en la redacción del «Acta»; porque el motivo por el cual don Allan R. Brewer-Carías se encontraba en Fuerte Tiuna ha sido suficiente y reiteradamente explicado por aquél: emitir una opinión de experto, a instancias de don Pedro Carmona, sobre la juridicidad de dicha «Acta», opinión que tuvo un carácter contundentemente negativo; porque no está acreditado que el documento se redactara en Fuerte Tiuna, y no hubiera sido elaborado ya previamente; y, finalmente, porque, aunque así hubiera sido, y dicho documento se hubiera redactado en el interior de ese edificio, deducir de la mera presencia de una persona en el lugar de los hechos –la señora Weffer ni siquiera afirma la presencia de don Allan R. Brewer-Carías en Fuerte Tiuna, sino sólo en el **estacionamiento** del edificio- que ha intervenido en los mismos supone una flagrante conculcación de su derecho a la presunción de inocencia.

C. **El artículo publicado el 13 de abril de 2002 en el diario «*El Nacional*» por el periodista don Edgar López (elemento probatorio 4)**

1. Su contenido

a) El texto del artículo

En este artículo don Edgar López escribe lo siguiente:

«En medios jurídicos se comentaba que Allan Brewer Carías fue el arquitecto jurídico del nuevo régimen, al punto que también se le oiría a la hora de elaborar la lista de quienes reemplazarían a los magistrados del Tribunal Supremo de Justicia destituidos por la recién instalada junta de gobierno que encabeza el ex presidente de Fedecámaras Pedro Carmona Estanga.

El jurista interrumpió su sueño para explicar que a la 1:00 am de ayer atendió la solicitud de asesoría que le formularon y que su intervención se limitó a dar opiniones sobre aspectos estrictamente jurídicos del proceso de transición que se ha iniciado.

<Este es un proceso político y está siendo manejado por los políticos>, dijo Brewer Carías, en un esfuerzo por reivindicar su contribución ad honorem.

Añadió que <el documento constitutivo de este gobierno transitorio que se fundamenta en la Carta Democrática Interamericana, que Venezuela suscribió el 11 de septiembre de 2001 y que constituye un catálogo de lo que debe ser una verdadera democracia en el hemisferio, en el entendido de que el régimen de libertades que se desea no se limita a la realización de elecciones para la designación de las autoridades de los órganos del Poder Público, sino que también postula la necesidad de separación y control de los poderes, el pluralismo político, la probidad y responsabilidad en el ejercicio de los cargos, el respeto al Estado de Derecho y a los derechos y garantías constitucionales, en particular a la libertad de expresión>, explicó el jurista.

¿Entonces la referencia jurídica del nuevo gobierno es la Carta Interamericana Democrática y no la Constitución nacional de 1999, elaborada por la Asamblea Constituyente y convalidada en referéndum popular?

No exactamente. Aquí hubo el ejercicio de un derecho ciudadano a la resistencia por desobediencia civil, el cual está garantizado y previsto en el artículo 350 de la Constitución nacional. El pueblo de Venezuela, a través de sus representantes, desconoció un régimen, una autoridad y una legislación que contrariaba los principios y valores democráticos y que violaba derechos y garantías constitucionales. En definitiva, se produjo una rebelión de carácter civil y posteriormente la renuncia del Presidente de la República, según lo anunció el alto mando militar. El vacío constitucional de poder tuvo que ser llenado por los representantes de diversos sectores de la sociedad, sobre la base, insisto, del artículo 350 de la Constitución.

- ¿Cómo es posible hablar de apego al Estado de Derecho si la junta de gobierno acordó la disolución de los poderes legítimamente constituidos?

- La disolución de los poderes constituidos es una manifestación de ese derecho a la desobediencia civil; sin embargo, corresponde a las decisiones de carácter político, que he querido diferenciar del fundamento jurídico del régimen de transición. Hubiera sido preferible, por supuesto, que el Presidente de la República hubiera salido de otra forma, que no hubiera habido los muertos y que la sociedad civil no hubiera tenido que rebelarse. En todo caso, el proceso en curso se orienta hacia el restablecimiento de la institucionalidad democrática conforme a la Carta Interamericana.

Lo importante, indicó Brewer Carías, es destacar que por primera vez en Venezuela se desconoció un régimen y una autoridad que habían menoscabado derechos fundamentales y cuya última manifestación fue el asesinato a mansalva de ciudadanos inermes».

b) Ulteriores aclaraciones de don Edgar López sobre el contenido de su artículo

En su declaración ante el Ministerio Público (pieza XVIII, folios 259 ss.), el señor López manifestó que, dos horas más tarde de la entrevista, el señor Brewer-Carías le llamó por teléfono para precisar sus declaraciones en el sentido de que «no estaba de acuerdo con la disolución de la Asamblea Nacional, ni con la destitución de los Magistrados del Tribunal Supremo, ni con ninguna otra decisión que significara la ruptura del hilo constitucional». Igualmente, el señor López manifestó en dicho interrogatorio que, por problemas de cierre de la edición del periódico, no pudo incorporar esa precisión al artículo publicado en «*El Nacional*» el 13 de abril de 2002; lo hizo tres días más tarde, el 16 de abril, recogiendo en el mismo periódico esa aclaración de don Allan R. Brewer-Carías en los siguientes términos:

> «Dos horas más tarde [el señor Brewer-Carías] se comunicó nuevamente con <El Nacional> para solicitar que en la reseña de la entrevista se incluyera su oposición a la disolución de la Asamblea Nacional, pues ello sí significaba la ruptura del hilo constitucional. Lamentablemente no fue posible realizar la precisión en esa oportunidad [en el artículo publicado por don Edgar López el 13 de abril de 2002], pero Brewer Carías insistió ayer en que Carmona Estanga hizo caso omiso a su advertencia».

2. Vulneración de la presunción de inocencia del don Allan R. Brewer-Carías al recogerse en el acta de imputación, como supuesto elemento probatorio 4, el artículo del señor López

El artículo de don Edgar López está integrado por dos partes que deben ser tratadas diferenciadamente: el supuesto juicio de **valor positivo** que emite el señor Brewer-Carías sobre el «Acta de Constitución del Gobierno de Transición Democrática y Unidad Nacional», por un lado, y, por otro, la afirmación del señor López de que don Allan R. Brewer-Carías habría sido «el arquitecto jurídico del nuevo régimen, al punto que también se le oiría a la hora de elaborar la lista de quienes reemplazarían a los magistrados del Tribunal Supremo de Justicia destituidos por la recién instalada junta de gobierno que encabeza el ex presidente de Fedecámaras Pedro Carmona Estanga».

a) Por lo que se refiere a la supuesta opinión del señor Brewer-Carías de que «la disolución de los poderes constituidos es una manifestación de ese derecho a la desobediencia civil», se trata, obviamente, de un malentendido del periodista, quien, en su declaración ante el Ministerio Fiscal, reconoció que don Allan R. Brewer-Carías le había precisado «que no estaba de acuerdo con la disolución de la Asamblea Nacional, ni con la destitución de los Magistrados del Tribunal Supremo, ni con ninguna otra decisión que significara la ruptura del hilo constitucional».

Pero, aunque el señor Brewer-Carías hubiera alabado realmente la disolución de los Poderes Públicos, resulta simplemente inconcebible que esa **opinión** pueda instrumentalizarse ahora como prueba de cargo de que aquél habría **elaborado y redactado** el «Acta de Constitución del Gobierno de Transición Democrática y Unidad Nacional»: si ni siquiera la presencia de una persona en el lugar de los hechos puede servir como prueba de cargo para imputar a aquélla su intervención en tales hechos, porque ello supondría una conculcación de su derecho a la presunción de inocencia, tal como se ha expuesto supra B 2 c, **mucho menos aún un comentario laudatorio emitido a posteriori sobre un determinado texto**: esta inferencia sería tan irrazonable e incoherente como si del hecho de que alguien alabara la novela «Cien años de soledad» se hiciera seguir que ello constituiría una **presunción** de que el que había emitido el juicio laudatorio, y no García Márquez, era quien realmente había «redactado y elaborado» esa obra literaria.

b) En relación con el otro pasaje del artículo de don Edgar López, donde manifiesta:

«En medios jurídicos se comentaba que Allan Brewer fue el arquitecto jurídico del nuevo régimen ...», hay que decir:

En primer lugar, que no es que el señor López sea supuestamente un testigo de referencia de testigos directos, como, presuntamente, doña Patricia Poleo, sino un presunto testigo de referencia de supuestos testigos de referencia de presuntos testigos directos, ya que, según ha declarado el 21 de abril de 2005 ante el Ministerio Público, en ningún momento de la madrugada del 12 de abril de 2002 estuvo en Fuerte Tiuna, que la frase de que el señor Brewer-Carías fue el «arquitecto jurídico del nuevo régimen», la escuchó en medios judiciales, **y que, a su vez, esas fuentes judiciales tampoco habían visto que el señor Brewer-Carias redactara el decreto del Gobierno de transición** («Diga usted si su fuente le informó de que hubiera visto a Allan Brewer-Carías redactar el decreto de gobierno de transición. Contestó: **No.** Además, son fuentes judiciales»), de donde se sigue que, por su parte, esas «fuentes judiciales» son testigos de referencia, no se sabe si de otros supuestos testigos de referencia o, **por fin**, de alguno o algunos presuntos testigos directos.

En segundo lugar, que, como ya se ha fundamentado supra A 4 y 5, la utilización, como prueba de cargo, del testimonio de un testigo de referencia, que no identifica a los testigos directos (en este caso, ni siquiera el señor López podría precisar quiénes son los supuestos testigos directos, sino, como mucho, una cadena –cuyo final se desconoce– de ulteriores y presuntos testigos de referencia), constituye una abierta vulneración, tanto del derecho a la presunción de inocencia, como del derecho de defensa.

Y, en tercer lugar, y finalmente, que don Edgar López es muy libre de acogerse al secreto profesional para, como manifestó en su interrogatorio, «preservar mis fuentes». Pero, si se niega a revelar esas fuentes –y tal y como se ha expuesto supra A 4 b aa *in fine*-, no por ello el testimonio de referencia sin indicación del testigo directo deja de serlo, y, por consiguiente, tampoco deja de ser un testimonio de nulo valor probatorio.

D. El artículo publicado el 13 de abril de 2002 en «*El Universal*» por la periodista Doña Mariela León (Elemento Probatorio 5)

1. En dicho artículo la señora León escribe lo siguiente:

«... Tras la venia de varios escritorios jurídicos Daniel Romero leyó el decreto de constitución de la provisoria gestión, en el cual quedan suspendidos de sus cargos los Diputados a la Asamblea Nacional y destituidos de sus cargos a los Magistrados del Tribunal Supremo de Justicia, el Fiscal y Contralor General de la República, Defensor del Pueblo y Miembros del Consejo Nacional Electoral ...».

2. Independientemente de que la señora León es también una testigo de referencia, que no indica quiénes han sido los testigos directos que le habrían informado a ella de que habrían visto al señor Brewer-Carías elaborando y redactando el «Acta de Constitución del Gobierno de Transición Democrática y Unidad Nacional», por lo que la toma en consideración como elemento probatorio de cargo del artículo escrito por doña Mariela León, y tal como se ha expuesto supra A 4 y 5, vulnera el derecho a la presunción de inocencia y el derecho a la defensa de don Allan R. Brewer-Carías, quien suscribe este Dictamen no alcanza a entender cómo el Ministerio Público puede deducir de ese artículo que, efectivamente, el señor Brewer-Carías ha elaborado el «Acta» en cuestión, **siendo así que esa afirmación no aparece por ninguna parte en el texto escrito por la referida periodista.**

E. El artículo publicado en el diario «*El Universal*» el 18 de abril de 2002 por el periodista don Roberto Giusti (elemento probatorio 8)

1. En ese artículo el señor Giusti escribe lo siguiente:

«Allí se encontraban Allan Brewer Carías y sobre la base de su criterio tomando en cuenta que hubo derramamiento de sangre, y que dejar ir al presidente podía comprometer el prestigio de la institución, tomaron la decisión que ya se conoce. A Brewer le consultaron también la legalidad de esa situación y él les manifestó que, con la declaración del General Lucas Rincón, ya no había Alto Mando, y que la voluntad manifiesta, expresada por el Presidente, de renunciar, se producía un vacío de poder, y por lo tanto, no se requería un documento firmado ...».

2. A la consideración del artículo del señor Giusti como prueba de cargo hay que oponer:

a) Por una parte, que en ningún lugar de su artículo don Roberto Giusti afirma aquello que precisamente le imputa el Ministerio Público a don Allan R. Brewer-Carías, a saber: que éste haya «redactado y elaborado» el «Acta de Constitución del Gobierno de Transición Democrática y Unidad Nacional», por lo que mal puede servir de indicio de que se ha realizado un determinado comportamiento un texto en el que no se atribuye a nadie ese comportamiento.

b) Y, por otra, que al tratarse en el caso del señor Giusti de un testimonio de referencia en el que no se indica quiénes son los supuestos testigos directos informantes de aquél, aunque el señor Giusti atribuyera a don Allan R. Brewer-Carias la realización de un comportamiento que en el artículo no le atribuye, la utilización de dicho testimonio como prueba de cargo, y tal como se ha expuesto supra A 4 y 5, vulnera el derecho a la presunción de inocencia y el derecho de defensa del señor Brewer-Carías.

F. El artículo de don Ricardo Peña publicado en el diario «*El Reporte*» el 18 de abril de 2002 (Elemento Probatorio 9)

1. Su contenido

En dicho artículo el señor Peña escribe los siguiente:

«supuestamente los asesores del decreto-adefesio jurídico de Carmona Estanga fueron los abogados Cecilia Sosa Gómez y Allan Brewer-Carías».

2. La vulneración del derecho de defensa y la múltiple vulneración de la presunción de inocencia al incorporarse el artículo de don Ricardo Peña, como elemento probatorio, al acta de imputación

a) El testimonio del señor Peña es uno de referencia en el que este periodista no indica cuáles son los supuestos testigos directos que le habrían informado de los hechos. Por ello, con la incorporación al acta de imputación de este testimonio, como uno de cargo, se están vulnerando, como ya se ha expuesto en otro lugar, tanto el derecho a la presunción de inocencia (supra A 4) como el derecho de defensa (supra A 5) de don Allan R. Brewer-Carías: el primero, porque no es apto para enervar la presunción de inocencia un testimonio de referencia en el que el testigo indirecto se niega a identificar cuál es su presunta fuente presencial; y el segundo, porque esa falta de identificación impide al señor Brewer-Carías poder interrogar a los supuestos testigos directos, someter a contradicción su testimonio, poner en duda su credibilidad, o demostrar que esos presuntos testigos presenciales son parciales o le son hostiles.

b) Pero en el presente elemento probatorio la presunción de inocencia del señor Brewer-Carías se ha conculcado por dos motivos más.

aa) En primer lugar, porque el acta de imputación se dirige contra don Allan R. Brewer-Carías por haber «redactado y elaborado» el «Acta de Constitución del Gobierno de Transición Democrática y Unidad Nacional», mientras que lo único que afirma el testigo de referencia señor Peña es que el señor Brewer-Carías habría ejercido una **función de asesoramiento**, asesoramiento que consiste, naturalmente, **no en redactar, sino en aconsejar** –**críticamente, en sentido favorable o desfavorable, y de manera no vinculante**- a quien

realmente redacta, quedando en manos, no del asesor, sino del redactor - asumiendo o no los consejos que se le dan- decidir cuál es el contenido definitivo del texto en cuestión.

bb) Y, en segundo lugar, **y sobre todo**, la incorporación al acta de acusación del testimonio de referencia del señor Peña supone una **ulterior conculcación** del derecho a la presunción de inocencia del señor Brewer-Carías, porque aquél no afirma que este haya sido asesor, sino que se limita a decir que lo habría sido «**supuestamente**».

Según el «Diccionario de Uso del Español», de María Moliner, suponer significa «**pensar que ocurre cierta cosa aunque falten datos para tener la certeza de ella**», siendo «supuestamente» el adverbio que se corresponde con ese verbo, por lo que dar por acontecido –y en contra del reo- lo que el testigo no afirma como **realmente sucedido** constituye una **forma específica** de vulneración del derecho a la presunción de inocencia, ya que, como establece la sentencia del TS de 6 de marzo de 2002, A. 3731, «de un testigo que **sólo supone**, ningún tribunal puede deducir la seguridad que impone el principio <in dubio pro reo>. Si lo hace infringe las reglas del razonamiento lógico, pues la seguridad que no está contenida en las premisas no puede aparecer en la conclusión de un silogismo». De la misma manera no es posible, sin infringir el derecho a la presunción de inocencia, estimar que el artículo de don Ricardo Peña puede constituir una prueba de cargo contra el señor Brewer-Carías, porque si en la premisa del testimonio el testigo de referencia no establece la seguridad de la intervención de aquél (solo se dice que «supuestamente» habría aconsejado), entonces en la conclusión del silogismo (en la consideración del artículo del señor Peña como elemento probatorio) no puede aparecer que don Allan R. Brewer-Carías «efectivamente» ha aconsejado.

Por lo demás, y sobre la vulneración del principio de presunción de inocencia cuando, a pesar de que existen dudas sobre la participación de una persona, se da por hecho que sí que ha intervenido, me remito a la doctrina establecida, entre otras, por las siguientes sentencias:

- Sentencia del TS de 10 de julio de 1992, A. 6564:

«El principio in dubio *pro reo* –establecido en el art. 24.2 CE- sólo puede ser invocado en casación cuando el Tribunal de los hechos haya condenado, a pesar de su duda respecto de la autoría o del hecho mismo. **En tales casos es claro que el Tribunal habría vulnerado la norma que impone la absolución en caso de duda o decisión más favorable al acusado, que como se dijo tiene su respaldo en el art. 24.2 CE [derecho a la presunción de inocencia]**».

- Sentencia del TS de 24 de noviembre de 1993, A. 9013:

«El relato de los hechos no contiene cargo penal alguno contra el recurrente, porque el silogismo judicial **no puede apoyarse en suposiciones** ni presunciones».

- Sentencia del TS de 16 de noviembre de 1998, A. 8628:

«El principio general de Derecho en materia de interpretación de prueba en el proceso penal **tiene también, en el momento presente, una derivación hacia el principio constitucional de presunción de inocencia ya que, en los casos en que exista una prueba válidamente obtenida, pero que su significado inculpatorio sea dudoso, ambiguo y poco preciso es necesario decantarse por una decisión absolutoria».**

- Sentencia del TS de 23 de febrero de 2001, A. 2311:

«Puesto que manifiesta de forma expresa que, en ese particular, existen razones para la duda. Y sin embargo, **incomprensiblemente**, resuelve la alternativa contra el reo. **Cuando es bien obvio que el principio <*in dubio pro reo*>, interpretado a la luz del derecho fundamental a la presunción de inocencia, no tiene un valor sólo orientativo en la valoración de la prueba, sino que envuelve un mandato: el de no afirmar hecho alguno que pueda dar lugar a un pronunciamiento de culpabilidad si se abrigan dudas sobre su certeza».**

- Y sentencia del TS de 27 de febrero de 2004, A. 2526:

«Al margen de estas consideraciones, que estimamos relevantes, no podemos olvidar la doctrina de esta Sala sobre la operatividad del principio <*in dubio pro reo*>. Se ha mantenido, con criterio unánime, que, si un órgano sentenciador expresa sus dudas sobre la realidad de los hechos que se le han sometido a consideración, debe abstenerse de cualquier pronunciamiento condenatorio, **ya que el sistema constitucional exige que la resolución esté asentada sobre conclusiones firmes e indubitadas».**

3. Resumen

De lo que se acaba de exponer sobre el artículo de don Ricardo Peña se sigue, resumiendo, que su estimación por el Ministerio Público como un elemento probatorio, no sólo infringe el derecho a la presunción de inocencia y el derecho a la defensa de don Allan R. Brewer-Carías por ser un testimonio de referencia, sino que también vulnera ese primer derecho porque el señor Peña no afirma –como imputa el Ministerio Fiscal- que el señor Brewer-Carías haya redactado –sino sólo «asesorado»: asesoramiento que, obviamente, también puede ser desfavorable sobre el contenido del «Acta»-, y, sobre todo, porque, infringiendo el principio «in dubio pro reo», como ulterior manifestación del de presunción de inocencia, da por cierto aquello que don Ricardo Peña mantiene en el terreno de la duda («supuestamente»).

G. Artículos publicados en la prensa por el periodista don Francisco Olivares (Elementos Probatorios 11 Y 13)

1. a) En el diario «*El Universal*» de 26 de abril de 2002, el periodista señor Olivares entrevista a don Daniel Romero, y en ella se dice lo siguiente:

«- ¿Quiénes participan en la elaboración del decreto?

- En la elaboración del decreto participa una serie de abogados, que lo que hacen es traslucir lo que se quería en ese momento. Yo tengo que decir que en cuanto a la parte motiva del decreto yo sí tuve una injerencia importante, la cual no solamente asumo, sino que la ratifico una vez más porque creo que ese decreto en sus once considerandos, esa parte motiva, lo que hace es plasmar fehacientemente, cuál es la situación de Venezuela, cuál es el clamor, el reclamo y el repudio de la sociedad venezolana en relación con el régimen de Hugo Chávez Frías. Cada uno de esos decretos lo que dice es la verdad de la situación que todos padecemos y que no estamos dispuestos a aceptar.

- ¿Para usted el vacío de poder y la necesidad de un gobierno de transición implicaba la necesidad de suprimir la Asamblea Nacional y los poderes públicos?

- Esa es la parte dispositiva del decreto. La parte dispositiva del decreto fue realizada por un grupo de abogados. Fue realizada por los que son considerados los mejores abogados constitucionalistas del país. Allí hubo decisiones de carácter político, las cuales no tomamos los abogados».

b) Posteriormente, el 28 de abril de 2002, don Francisco Olivares publica otro artículo en el mismo diario «*El Universal*», en el que escribe lo siguiente:

«Poco después de que en la madrugada del 12 de abril el general Lucas Rincón anunciara la renuncia del presidente Chávez, fue convocado Pedro Carmona a la Comandancia del Ejército en el piso 5. Allí confluyeron personalidades del mundo civil y empresarial como: Allan Brewer Carías, Pedro Carmona, Hugo Arrioja, Juan Francisco Mejías, José Rafael Revenga y Eugenio Mendoza entre otros. Se decide que el designado para la presidencia interina sería Pedro Carmona y se comienza a hablar de la parte formal de la renuncia de Chávez. Trasciende la información de que Chávez renunciaría si le permiten viajar a Cuba. Hubo opiniones divididas y en determinado momento, los militares (que estaban en el despacho) mandan llamar a Allan Brewer Carías, quien estaba redactando el decreto en ese momento. Brewer entró y estuvo allí unos minutos. Cuando sale se toma la decisión de que el Presidente se quedaba. Seguidamente surgió la duda de qué pasaba si Chávez no firmaba. Y allí la opinión de Brewer fue que no importaba la formalidad de la renuncia porque el Presidente ya había renunciado y se lo había comunicado al país a través del general Lucas Rincón...

Los militares llegaron temprano y se concentraron en el despacho presidencial, donde estuvieron reunidos algunas horas con Pedro Carmona. Allí estaba el VA Héctor Ramírez Pérez, el VA Daniel Comisso, el general Pedro Pedreira, el general Vásquez Velasco, el general Néstor González González entre otros.

Carmona se alternaba entre atenderlos a ellos y a las personalidades que iban llegando. Como a las 11 de la mañana llegó Allan Brewer Carías con Ayala Corao para darle los últimos toques al decreto. Entraron por el manguito porque no querían ser abordados por los periodistas. Una vez listo el decreto se lo llevaron a Carmona, quien le hizo algunos ajustes menores y se mandó a imprimir. Mientras esto se hacía, Gustavo Linares Benzo, Juan Rafalli y Gustavo García redactaban por su cuenta y a la carrera otro decreto. Una vez redactado el nuevo decreto entraron en la oficina de Carmona donde había muchas personalidades, y le proponen a Carmona que adopte esa versión en lugar de la que había sido coordinada por Allan Brewer, Carlos Ayala y Daniel Romero. Carmona dudó y pidió hablar con Brewer. Se llamó a su casa porque ya había salido de Miraflores, y conversaron por varios minutos. Al colgar, Carmona expresó delante de todos, que iba a seguir adelante con el decreto original. Allí varias personalidades, entre ellas monseñor Velasco, le mostraron su apoyo».

2. a) Por lo que se refiere a la entrevista de 26 de abril de 2002, parece increíble que se quiera utilizar como elemento probatorio de cargo, siendo así que en las supuestas declaraciones de don Daniel Romero éste se refiere únicamente a que en el decreto intervinieron «los que son considerados **los mejores abogados constitucionalistas del país**», **sin que en ningún momento se designe nominalmente a don Allan R. Brewer-Carías. ¿Cómo es posible que el Ministerio Público pueda imputar a una persona –al señor Brewer-Carías- cuando ni siquiera le imputa el testigo sobre el que se basa para hacerlo?** Por lo demás, y aunque se quisiera admitir erróneamente que don Allan R. Brewer-Carías **pudiera ser** alguno de esos abogados constitucionalistas, lo que en cualquier caso está fuera de discusión es que ello, como mucho, no pasa de constituir una probabilidad, y convertir una **probabilidad** en certeza infringe, como se acaba de exponer supra F 2 b bb, el principio «in dubio pro reo» como derivación del derecho a la presunción de inocencia.

b) Con relación al segundo artículo de don Francisco Olivares, publicado en «*El Universal*» de 28 de abril de 2002, en el que se afirma que el señor Brewer-Carías habría intervenido en la redacción del «Acta de Constitución del Gobierno de Transición Democrática y Unidad Nacional», hay que decir que aquél es un testigo de referencia, que no identifica a sus supuestos testigo o testigos presenciales, tal como el mismo reconoce en su interrogatorio ante el Ministerio Público de 28 de marzo de 2005 (pieza XVII, pp. 216 ss.): en dicho interrogatorio don Francisco Olivares declara que en ningún momento estuvo en Fuerte Tiuna en la madrugada del 12 de abril de 2002, que, porque no estuvo allí, no vio llegar de madrugada al señor Brewer-Carías a Fuerte Tiuna, que, naturalmente, tampoco le vio redactar el decreto, que el día 12 de abril no estuvo en ningún momento en el Palacio de Miraflores, ni tampoco vio llegar a dicho Palacio a don Allan R. Brewer-Carías, ni, mucho menos aún, presenció como éste daba en ese edificio «los últimos toques al decreto», y que tampoco vio como en ese día, y en el Palacio de Miraflores, el señor Brewer-Carías llevara «a Pedro Carmona algún documento o decreto».

Como, según confesión propia, don Francisco Olivares es un testigo de referencia, que no identifica a sus supuestos informantes testigos directos, la toma en consideración por el Ministerio Fiscal del testimonio de aquél, supone, como ya se ha expuesto ampliamente supra A 4 y 5, una vulneración del derecho a la presunción de inocencia y del derecho de defensa de don Allan R. Brewer-Carías.

H. El artículo publicado el 27 de abril de 2002 en «*El Nacional*» por doña Milagros Socorro (elemento probatorio 12)

1. En este artículo la señora Socorro escribe lo siguiente:

«Minutos antes, según él lo cuenta [don Daniel Romero], el equipo gubernamental venía camino al salón donde se realizaría el acto del 13 de abril y Carmona preguntó quién leería el decreto. <Fue entonces que alguien dijo, 'que lo lea Daniel', y así lo hice>, cuenta el abogado.

- Lo leí con mucho orgullo porque tuve una intervención importante en la redacción de los 11 considerandos ... En la parte dispositiva, que refleja decisiones de carácter político, no jurídico, mi colaboración fue mínima, pero puedo asegurar que ese aspecto fue revisado por los mejores constitucionalistas de Venezuela.

- Entre los que se cuenta a Allan Brewer Carías. ¿Él fue el autor?

- He dicho: los mejores constitucionalistas del país. Hay una cosa que tiene que estar clara, todo el mundo quiere achacarle al decreto las causas que impidieron la continuidad del gobierno de transición, pero el problema no fue el contenido de éste, sino la falta de apoyo de todos los sectores de la sociedad que, una vez que se produjo la renuncia del presidente, en vez de unirse y concertarse para darle viabilidad a la transición, dejaron que privara el egoísmo y la búsqueda de parcelas de poder».

2. En este artículo se reiteran, al igual que en el elemento probatorio 11, la supuesta intervención en el decreto de «los mejores constitucionalistas del país». Como esta frase coincide literalmente con la contenida en dicho elemento probatorio 11, me remito a lo argumentado supra 6 2 a, en el sentido de que parece increíble que se quiera utilizar como elemento probatorio de cargo un texto en el que en ningún momento se designa nominalmente a don Allan R. Brewer-Carías, y que el Ministerio Fiscal pueda imputar a una persona cuando ni siquiera la imputa el testigo sobre el que se basa para hacerlo. Además, y como también se ha expuesto supra G 2 a, aunque se quisiera admitir erróneamente que el señor Brewer-Carías pudiera ser alguno de esos «constitucionalistas», lo que en cualquier caso está fuera de discusión es que ello, como mucho, no pasa de constituir una probabilidad, y convertir una

probabilidad en certeza infringe el principio «*in dubio pro reo*» como derivación del derecho a la presunción de inocencia (véase supra F 2 b bb).

I.   Declaración de Isaac Pérez Recao, en el programa «Grado 33», transmitido por *Globovisión* el 16 de mayo de 2002, en el que declaró que era falso que hubiera redactado el decreto, que el mismo fue redactado por expertos constitucionalistas, y que él no era abogado

Para argumentar por qué esas declaraciones del señor Pérez Recao no pueden ser tenidas en cuenta como elemento probatorio de cargo, ya que aquél sólo afirma que el decreto fue redactado por «expertos constitucionalistas», sin mencionar para nada el nombre del señor Brewer-Carías, y como esta frase coincide, al igual que en los supuestos elementos probatorios 11 y 12, con las expresiones formuladas por el señor Olivares y por la señora Socorro, me remito in toto a lo allí expuesto (supra G 2 a y H 2) para fundamentar por qué la toma en consideración por el Ministerio Público, como testimonio de cargo, de lo manifestado por el señor Pérez Recao infringe doblemente el derecho a la presunción de inocencia de don Allan R. Brewer-Carías.

J.   Artículo publicado el 3 de mayo de 2002 en «*El Mundo*» por la periodista doña Nitu Pérez Osuna (elemento probatorio 14).

1. En ese artículo, la señora Pérez Osuna escribe lo siguiente:

« ... el vídeo nos despeja una interrogante y nos crea otra. La presencia inequívoca en Fuerte Tiuna del abogado Brewer Carías, quien no aparecía en son de consulta sino en ánimo de participante, muy activo en el entorno militar revolucionario aquel día ...».

2. a) La presencia de una persona en el lugar de los hechos –presencia en Fuerte Tiuna que nunca ha negado el señor Brewer-Carías-, para el caso de que el «Acta» se hubiera redactado, efectivamente, en ese lugar, no puede servir de elemento probatorio de la intervención de esa persona en los hechos. Y si se hace, se está vulnerando el derecho a la presunción de inocencia, tal como ha sido expuesto y razonado detalladamente supra B 2, al estudiar el artículo de la señora Weffer.

b) Y que la mera apreciación subjetiva de una persona –el señor Brewer-Carías «no aparecía en son de consulta sino en ánimo de participante, muy activo en el entorno militar revolucionario aquel día», escribe la señora Pérez Osuna- se haga figurar por el Ministerio Fiscal como elemento probatorio de que aquél habría redactado y elaborado el «Acta», supone una vulneración tan burda de la presunción de inocencia que cuesta creer que alguien considere que con esa «apreciación subjetiva», enervando dicha presunción, se pueda pretender demostrar algo: en un Estado de Derecho, **y porque entonces nadie estaría a salvo de insidias y de arbitrariedades,** de las sensaciones o sentimientos subjetivos que experimenten nuestros vecinos, nuestros amigos, nuestros enemigos o cualquier otro observador, no se puede hacer seguir que uno ha ejecutado un determinado hecho. Al incluir este dato como elemento probatorio de cargo, el acta de imputación ha traspasado ampliamente el límite de lo jurídico-democráticamente tolerable.

Por lo demás, la propia señora Pérez Osuna (Ana Beatriz Pérez de Petit), en su declaración ante el Ministerio Público el 3 de junio de 2005 (pieza XXI, pp. 9 ss.), se desdice de esa «apreciación subjetiva» que había recogido en su artículo, y que tan alegremente incorporó el Ministerio Fiscal al acta de imputación como elemento probatorio:

« – ¿Diga usted si estuvo presente en algún momento en la madrugada del 12 de abril en Fuerte Tiuna (Comandancia General del Ejército)?

- Contestó: No.

- ¿Diga usted si vio a Allan Brewer-Carías en Fuerte Tiuna participando en alguna reunión o redactando algún decreto en esa madrugada del 12 de abril de 2002?

- Contestó: No.

- ¿Diga usted si la frase <La presencia inequívoca en Fuerte Tiuna del abogado Brewer-Carías quien no aparecía en son de consulta sino en ánimo de participante muy activo en el entorno militar revolucionario de aquel día ...> obedece a haberlo visto usted en labores de redacción del documento de constitución del gobierno de Pedro Carmona Estanga, o más bien es una opinión suya como parte del texto que reseña?

- Contestó: 1) Yo no puse revolucionario, sino revolucionado, **2) no estaba en Fuerte Tiuna, no lo pude haber visto en labores de redacción de ningún decreto, 3) cuando digo muy activo es porque todos los que están en ese vídeo están muy activo [sic)] ninguno está dormido, la crítica situación del país era para estar en actividad, esto es mi análisis.**

- ¿Diga usted si obtuvo de alguna de sus fuentes de información de haber visto a Allan Brewer-Carías redactando el documento de constitución del Gobierno de Pedro Carmona Estanga?

- **Contestó: No».**

K. Entrevista televisiva a don Rafael Poleo (elemento probatorio 15)

1. Tal como consta en el Expediente como Cinta N-39, el 12 de abril de 2002, en el programa «Dominio Público», transmitido por *Venevisión*, el periodista Rafael Poleo afirmó lo siguiente:

«Entonces me entró una llamada de un militar que desde Fuerte Tiuna que anunció, que nos informaba que Carmona había llegado y que estaba encerrado con el general Vásquez Velasco y con Brewer Carías, bajo la dirección de Isaac Pérez Alfonso haciendo los decretos de gobierno y nombrando gabinete».

2. a) Según se desprende de su declaración prestada ante el Ministerio Público el 6 de junio de 2005 (pieza XXI, pp. 24 ss.), don Rafael Poleo es un testigo de referencia que, acogiéndose al secreto periodístico, se niega a revelar quien es el militar supuesto testigo presencial que le habría llamado para informarle que don Allan R. Brewer-Carías sería una de las personas que estaba redactando los decretos de gobierno: a la pregunta: «¿Diga usted el nombre de la persona que le llamó?», el señor Poleo contestó: «Eso no puedo decirlo porque es un secreto de la fuente».

b) Como se ha expuesto supra A 4 y 5, la declaración de un testigo de referencia que se niega a identificar cuál es su fuente no puede ser tenida en cuenta como testimonio de cargo, porque ello conculcaría tanto el derecho a la presunción de inocencia como el derecho a la defensa que emana, a su vez, del que toda persona tiene a un proceso justo, debido y con todas las garantías.

Por otra parte, también se ha razonado supra A 4 b aa in fine, que el secreto profesional es uno muy respetable, pero que si un periodista decide acogerse a él, y se niega a facilitar quién es su fuente de información, entonces podrá quedar satisfecho su ethos estamental, pero no por ello dejará de ser un testigo indirecto que no designa quién es el supuesto testigo presencial, por lo que su testimonio seguirá siendo ineficaz para destruir y conculcar los todavía más respetables derechos a la presunción de inocencia y a la defensa.

L. Entrevista televisiva del periodista don César Miguel Rondón al también periodista don Teodoro Petkoff (elemento probatorio 16)

1. a) Según el acta de imputación, lo que el señor Petkoff habría declarado a don César Miguel Rondón, en el programa «30 Minutos», transmitido por *Televen* el 12 de mayo de 2002, habría sido lo siguiente:

«Estamos ante un golpe de estado sui generis, Pedro Carmona tiene plenos poderes para nombrar alcaldes, gobernadores, se juramentó ante sí mismo, destituyó a los Magistrados del Tribunal Supremo de Justicia, al Defensor del Pueblo, Contralor, Fiscal, Asamblea General, tiene poderes dictatoriales. Estamos en presencia de un gobierno de facto, porque no cubre las formas democráticas. Brewer debe explicar ese decreto ante la OEA».

b) En realidad, sin embargo, lo que **realmente** manifestó el señor Petkoff en esa entrevista televisiva fue algo distinto, tal como consta en la cinta H-30, que obra en el Expediente:

«Pregunta César Miguel Rondón: Amén de la misma juramentación de hoy, ¿cómo se llevó adelante?

Respuesta Teodoro Petkoff: Además, yo te voy a decir, yo no sé pues, yo creo adivinar el talento de Randy Brewer detrás de este decreto que salió hoy, de Randolph Brewer; pero yo no sé cómo le vamos a explicar a la OEA esta situación, porque en principio y formalmente hablando desde el punto de vista de la legalidad interamericana, estamos en presencia de un gobierno de facto, con poderes dictatoriales producto de un golpe de estado, eso es lo que hay formalmente hablando; o sea, a nosotros nos sale Carta Democrática de la OEA; eso es lo que nos sale».

c) Posteriormente, don Teodoro Petkoff ha declarado en dos ocasiones ante el Ministerio Público. En la primera ocasión, el 10 de septiembre de 2002 (pieza IX, p. 158), manifestó lo siguiente:

« – ¿Diga usted si tiene conocimiento del nombre de las personas que presuntamente elaboraron el referido Decreto?

- Contestó: No.

- ¿Diga usted si reconoce el vídeo que a continuación se le pone de vista y manifestó. (El despacho deja constancia de haberle puesto de vista y manifiesto al ciudadano entrevistado una entrevista efectuada a su persona por el ciudadano César Miguel Rondón el 12 de abril de 2002 en el programa <30 Minutos> que se transmite por Televen a las 10:00 de la noche).

- Contestó: Sí.

- ¿Diga usted porque en el mencionado vídeo hace mención al ciudadano Allan Brewer Carías como una de las personas que presuntamente estructuraron el referido decreto?

- Contestó: La verdad es que esa fue una inexcusable ligereza por mi parte, porque no tenía como no tengo todavía ningún conocimiento fehaciente de quienes elaboraron ese decreto. De hecho, en la entrevista con Rondón yo no afirmo que Brewer haya participado, sino que digo algo así como <creo percibir la mano de Randy Brewer en ese decreto>, pero esto desde luego, no sólo no es una afirmación categórica sino de hecho como dije antes, es una ligereza».

En su segunda declaración ante el Ministerio Fiscal, el 2 de febrero de 2005 (pieza XIV, p. 33), la entrevista se desarrolló en los siguientes términos:

« – ¿Diga usted por qué señaló en esa entrevista [la entrevista televisiva transmitida el 12 de mayo de 2002 por Televen] que Brewer debe explicar ese decreto ante la OEA?

- **Contestó: Yo no dije que Brewer debía explicar ese decreto ante la OEA, dije, ahora que acabo de oír el programa de nuevo, «No sé cómo vamos a explicar esta situación ante la OEA», me refería obviamente al golpe de Estado y no Brewer.**

- **¿Diga usted si tiene conocimiento de quiénes elaboraron el decreto que fue leído el día 12 de abril de 2002, en el Palacio de Miraflores?**

- **Contestó: No. No estuve allí».**

2. *Sobre este supuesto elemento probatorio 16 hay que decir*:

En primer lugar, que el texto que se recoge en el acta de imputación **no coincide** con lo expresado por el señor Petkoff en su entrevista televisiva: en el acta de imputación se afirma, **falsamente, entrecomillándolo,** incumpliendo el Ministerio Fiscal el deber que le incumbe de recoger **fidedignamente** las pruebas –tanto las de cargo como las de descargo–, que lo manifestado por don Teodoro Petkoff habría sido: «Brewer debe explicar ese decreto ante la OEA», cuando lo que **realmente** dijo fue: «yo no sé cómo le vamos a explicar a la OEA esta situación», es decir: que el Ministerio Público cambia el sujeto (Brewer en lugar de [nosotros] vamos) y el complemento directo (decreto en vez de situación) de la oración, con lo cual la frase adquiere un sentido tan distinto como **perjudicial** para don Allan R. Brewer-Carías.

En segundo lugar, que, naturalmente, y aunque esa frase del señor Petkoff **no figura en el acta de imputación** –probablemente porque, a diferencia de en el caso de la señora Pérez Osuna, **el Ministerio Fiscal ya no se atreve a volver a utilizar la «apreciación subjetiva» de una persona como elemento probatorio–,** la manifestación de aquél formulada en la referida entrevista televisiva de que «cree **adivinar** el talento de Randy Brewer detrás de este decreto que salió hoy», carece de cualquier eficacia probatoria, ya que, como se ha expuesto supra J 2 b, si se le atribuyera tal eficacia se estaría vulnerando el derecho a la presunción de inocencia. En cualquier caso, y aunque ello no altere la conclusión de que esas manifestaciones de don Teodoro Petkoff no pueden constituir elemento probatorio alguno, posteriormente, y en su entrevista ante el Ministerio Público de 10 de septiembre de 2002, el señor Petkoff reconoció que, al manifestar esa «sensación» de que don Allan R. Brewer-Carías habría estructurado el decreto, incurrió en «una inexcusable ligereza por mi parte».

Y, finalmente, que, aunque las declaraciones de don Teodoro Petkoff fueran un testimonio incriminatorio –que, como se acaba de argumentar, no lo son–, se trataría de un testigo indirecto que no da cuenta de quién es su supuesto informante testigo presencial, por lo que cualquier toma en consideración de ese testimonio infringiría el derecho a la presunción de inocencia y el de defensa (cfr. supra A 4 y 5).

M. **Entrevista televisiva del periodista don Carlos Fernández a don Tarek William Saab (elemento probatorio 20)**

1. En el programa de televisión «Triángulo», transmitido por *Televen* el 10 de mayo de 2002, a preguntas del periodista Carlos Fernández, don Tarek William Saab, según consta en el vídeo que obra en el Expediente, contestó lo siguiente:

«Donde un gobierno, gústenos o no nos guste ese gobierno, un Presidente constitucional, gústenos o no nos guste, en este caso, Hugo Chávez Frías fue derrocado, eso ya es un hecho público y notorio. Se instaló una Junta de facto, donde alguien se auto proclamó leyendo un papel y esta persona, de un solo plumazo, junto a un grupo de constitucionalistas muy respetado, elabora un decreto que disuelve los Poderes Públicos, incluyendo la Asamblea Nacional. Eso de verdad fue, si eso no es un atentado a la democracia yo quisiera que me explicaran eso».

2. Como ya se ha expuesto supra G al examinar, como elemento probatorio 11, el artículo de don Francisco Olivares («Fue realizada [la parte dispositiva del decreto] por los que son considerados los mejores constitucionalistas del país»), y supra H, al analizar, como elemento probatorio 12, el artículo de doña Milagros Socorro («ese aspecto [de la parte dispositiva del decreto] fue realizado por los mejores constitucionalistas de Venezuela»), la mención genérica a «un grupo de constitucionalistas muy respetado», que aparece en la entrevista realizada a don Tarek William Saab, no puede constituir prueba alguna de cargo, pues si ni siquiera el testigo designa nominalmente a don Allan R. Brewer-Carías, entonces tampoco el Ministerio Público puede basarse en ese testimonio para imputar a una persona que el testimonio no imputa. Por lo demás, y aunque se quisiera admitir erróneamente que don Allan R. Brewer-Carías **pudiera ser** alguno de esos «respetados constitucionalistas», lo que en cualquier caso está fuera de discusión es que ello, como mucho, no pasa de constituir una probabilidad, y convertir una **probabilidad** en certeza, infringe, como se ha expuesto supra F 2 b bb, el principio «in dubio pro reo» como derivación del derecho a la presunción de inocencia.

N. Programa «Voces de un País», transmitido por _Globovisión_ el 28 de mayo de 2002, en donde está presente don Allan R. Brewer-Carías en la Comandancia General del Ejército en una escena en la que figura presenciando, sin intervenir, una conversación que se estaba llevando a cabo entre don Pedro Carmona Estanga y don Carlos Molina Tamayo (elemento probatorio 21)

Este supuesto elemento probatorio de cargo, para imputar a don Allan R. Brewer-Carías su participación en la redacción y elaboración del «Acta de Constitución del Gobierno de Transición Democrática y Unidad Nacional», se hace derivar de la **mera presencia** de aquél en Fuerte Tiuna, presencia que el señor Brewer-Carías ha explicado y justificado reiteradamente ante el Ministerio Fiscal: fue llamado a ese lugar por don Pedro Carmona Estanga para que emitiera su opinión de experto sobre un documento ya redactado por otros de decreto de gobierno de transición, **opinión que, en efecto, manifestó el señor Brewer-Carías, descalificando jurídicamente dicho documento.**

Para demostrar por qué la simple presencia de don Allan R. Brewer-Carías carece de cualquier eficacia probatoria de cargo sobre los hechos que se le imputan me remito in toto a lo expuesto supra B, donde me he ocupado del artículo periodístico de doña Laura Weffer Cifuentes, en el que ésta refiere igualmente que el señor Brewer-Carías se encontraba en Fuerte Tiuna, testimo-

nio del cual el Ministerio Público hace seguir igualmente un elemento probatorio (el núm. 3) en el acta de imputación. **Como ya se ha argumentado ampliamente supra B,** aunque el «Acta» se hubiera redactado efectivamente en
Fuerte Tiuna, y no, **previamente**, en un sitio distinto –extremo éste que no está
acreditado–, deducir de la mera presencia de una persona en el lugar de los
hechos que ha intervenido en los mismos supone una flagrante conculcación
de su derecho a la presunción de inocencia.

**O. Entrevista rendida ante el Ministerio Público, el 9 de julio de 2002, por
el ciudadano Jorge Olavarría. Así como el relato consignado ante el
Ministerio Público en la misma fecha (elemento probatorio 23)**

1. Al llegar a esta altura del presente Dictamen, quien lo suscribe tiene la
impresión de haber entrado en un mundo al revés donde lo que son elementos
probatorios **de descargo** se convierten, para el Ministerio Fiscal, y como por
arte de magia, en elementos probatorios **de cargo**.

En efecto: lo que el Ministerio Público imputa a don Allan R. Brewer-
Carías es haber participado «en la redacción y elaboración» del «Acta de
Constitución del Gobierno de Transición Democrática de Unidad Nacional»,
y, sin embargo, lo que manifiesta don Jorge Olavarría es precisamente **todo lo
contrario**: que el señor Brewer-Carías no sólo no redactó ni elaboró dicha
«Acta», sino que expresó **el más absoluto rechazo** de su contenido.

2. Y así, en el relato del señor Olavarría, consignado ante el Ministerio
Público el 9 de julio de 2002 (pieza VI, pp. 71/72), y que éste considera que es
una prueba **de cargo**, lo que aquél manifiesta es lo siguiente:

> «Comparezco ante usted para rendir testimonio bajo fe de juramento de
> la constancia que tengo de **la injuriosa falsedad que le atribuye al Dr.
> Allan Randolph Brewer Carías, de haber sido el autor del acta de cons-
> titución del llamado <Gobierno de transición y unidad nacional> insta-
> lado en el Palacio de Miraflores la tarde del 12 de abril pasado.**
>
> **Me consta que el Dr. Brewer no redactó ese documento.** Considero mi
> deber testimoniarlo así, no sólo por la vieja amistad que me une con él,
> sino porque se trata de uno de los más relevantes juristas venezolanos
> del presente **a quien la envidia y la mezquindad se han complacido en
> zaherir imputándole la autoría de un documento que, más allá de la
> valoración política que pueda hacerse de los hechos que lo motivaron,
> es objetivamente el más absurdo disparate de nuestra rica historia de
> instrumentos de instalación de gobiernos de facto.** [...]
>
> En eso estábamos cuando pasadas las seis de la tarde del miércoles 10 de
> abril, llegaron a mi despacho los abogados Daniel Romero y José Gregorio
> Vásquez a quienes no conocía. El Dr. Romero leyó lo que pretendía ser
> un proyecto de instalación para un gobierno de transición. **Yo les hice
> algunas observaciones de carácter histórico y el Dr. Brewer llamó su**

atención acerca de la Carta Democrática Interamericana, haciéndose evidente para ambos la ignorancia de los abogados en esos temas por lo cual no les dimos mayor importancia. Cuando se marcharon, el Dr. Brewer y yo comentamos la ligereza y banalidad del documento, del cual me dejaron una copia […]

Supe que el Dr. Brewer Carías había estado en la madrugada de ese día [12 de abril de 2002] en la Comandancia del Ejército y luego en el Palacio de Miraflores. De allí que corriera la especie de que él había tenido algo que ver con el acta de constitución hecha pública esa tarde. Yo, mejor que nadie, sabe demasiado bien que ello no era cierto. Presumí, que si acaso Brewer fue consultado, sus opiniones no fueron tomadas en cuenta por quienes actuaron con temeraria irresponsabilidad, lo cual me ha sido confirmado posteriormente.

Me complace rendir este testimonio, que exime totalmente al Dr. Allan R. Brewer Carías de toda injerencia en el lamentable episodio del gobierno de facto de Carmona Estanga».

Es decir: la manifestaciones de don Jorge Olavarría de que es una «injuriosa falsedad» que el señor Brewer-Carías haya «sido el autor del acta de constitución del llamado <Gobierno de transición y unidad nacional>», de que le «consta que el Dr. Brewer no redactó ese documento», de que sólo «la envidia y la mezquindad» han podido imputarle «la autoría [del documento]», de que dicho documento hizo evidente para don Allan R. Brewer-Carías «la ignorancia, ligereza y banalidad» de quienes lo habían redactado, de que «[el señor Olavarría] mejor que nadie sabe demasiado bien que ello no era cierto [que el señor Brewer <había tenido algo que ver con el acta de constitución>]», y de que «[don Jorge Olavarría] exime totalmente al Dr. Allan R. Brewer Carías de toda injerencia en el lamentable episodio del gobierno de facto de Carmona Estanga», **todas estas tajantes afirmaciones del señor Olavarría, por activa y por pasiva, de que don Allan R. Brewer-Carías no es el autor del «Acta de Constitución del Gobierno de Transición Democrática y de Unidad Nacional»**, le sirven al Ministerio Público como ¡prueba! de que el señor Brewer-Carías **sí que ha redactado dicha «Acta»**: que una argumentación así infringe las más elementales reglas de la lógica y de lo que es razonable, y que, por consiguiente, no es que vulnere, sino que simplemente constituye una burla del derecho a la presunción de inocencia, se entiende por sí mismo.

P. **La entrevista rendida ante el Ministerio Público, el 3 de junio de 2002, por el propio don Allan R. Brewer-Carías (elemento probatorio 26)**

1. En dicha entrevista rendida ante el Ministerio Fiscal el 3 de junio de 2002, don Allan R. Brewer-Carías declara, entre otras cosas, lo siguiente:

«El día doce de abril de dos mil dos pasadas la una de la madrugada recibí en mi casa de habitación una llamada telefónica de parte del Doctor Pedro Carmona, **quien me solicitó me trasladara a Fuerte Tiuna para** dar una opinión jurídica sobre un documento que le habían entregado cuando él llegó a ese lugar, es decir, solicitaba mi opinión sobre un tema jurídico que se le había planteado en ese momento y lugar [...]

Me subieron en un ascensor, no sé exactamente a qué piso y me condujeron a un pequeño cubículo donde estaba el Dr. Carmona, a quien saludé y quien me solicitó que analizara un documento que le habían entregado cuando llegó a ese lugar, a cuyo efecto se me puso en contacto con dos jóvenes abogados de nombres Daniel Romero y José Gregorio Vásquez, quien fueron los que me mostraron el documento contentivo de un Proyecto para un Gobierno de Transición que le habían entregado al Dr. Carmona, lo que había motivado su requerimiento para que se me llamara [...]

Los dos abogados Romero y Vásquez nos leyeron a Olavarría y a mí un documento escrito que tenían contentivo de un Proyecto de Decreto de Constitución para un Gobierno de Transición. Oída la exposición de esos dos abogados me causó sorpresa su contenido [...]

Les reflexioné sobre los efectos de la ruptura del orden constitucional, específicamente a la luz de esa Carta Democrática y me di cuenta que ni siquiera conocían de la existencia de ese instrumento internacional, lo cual por lo demás no era de extrañar, ya que había sido poco divulgado [...]

La opinión que como abogado se me había requerido se refería al documento que tenían los dos jóvenes abogados Romero y Vásquez, con quien se me había pedido hablar y que habían entregado al Dr. Carmona, según éste me informó [...]

Pero en cuanto al contenido sustantivo de las decisiones políticas plasmadas en el documento o proyecto de decreto que se me presentó, aprecié que eran a su vez contrarias a la Carta, porque significaban una ruptura del orden constitucional [...]

Para mí es inexplicable que el Dr. Carmona no haya hecho un esfuerzo o no haya tomado una iniciativa de oír la opinión que me había requerido; y yo no tuve ocasión ni oportunidad, por la cantidad de oficiales y personas que lo rodeaban, de hablar personalmente y a solas con Pedro Carmona, para formularle mis comentarios y advertencias sobre el cual versaba la consulta que el mismo Carmona me había solicitado [...]

Llegué a mi casa despuntando el alba e hice un esfuerzo para reconstruir los acontecimientos de la madrugada y las materias sobre las que se me había solicitado mi opinión. Mi primera conclusión estuvo orientada hacia los postulados de la Carta Democrática Interamericana, algunos de los cuales se mencionaban en aquel proyecto de decreto. Sin embargo, al observarlo en conjunto no cabía duda alguna de que dichos postulados resultaban contradictorios con la parte sustantiva de aquel documento, que violaba el principio de la democracia representativa, al pretenderse suspender el funcionamiento del Parlamento, con una serie de secuencias institucionales […]

En un momento se hizo presente el Diputado Leopoldo Martínez, a quien advertí sobre lo improcedente que era que se suspendiera el funcionamiento de la Asamblea Nacional y sobre las reacciones nacionales e internacionales que se producirían si ello ocurría. […]

Le expresé [a don Pedro Carmona] mi criterio contrario y las reservas que como profesional y ciudadano tenía, precisamente a la luz de la Carta Democrática Interamericana, y que eso en definitiva era una decisión de carácter político. **Quedé esperanzado en que tomaría en cuenta mis advertencias, pero lamentablemente no fue así** […]

A partir de ese momento, durante la noche del doce de abril y el día siguiente trece de abril, dentro del estricto margen del que en realidad disponía **me esforcé en contribuir al restablecimiento del orden constitucional, en que se modificara el decreto mencionado y en particular que se restableciera la Asamblea Nacional.** En relación con los hechos del doce de abril de dos mil dos, por tanto, fui consultado estrictamente como abogado especialista en derecho público […]

En definitiva, sólo pude expresar directamente mi parecer al Dr. Carmona, por vía telefónica poco antes de que se leyera el decreto de proclamación del llamado gobierno de transición, **advirtiéndole que la disolución o suspensión de la Asamblea carecía de fundamento jurídico y era contraria a los principios de la democracia representativa contenidos en la Carta Democrática Interamericana**, por lo que además provocaría reacciones internacionales contra Venezuela y el llamado Gobierno de Transición. […]

No se atendió mi recomendación jurídica y como antes dije conforme al derecho que nos garantiza a los abogados el Código de Ética Profesional, me retiré del asunto **sin haber tenido nada que ver con las decisiones políticas contenidas en el acto que pretendió poner en vigor un nuevo orden político e instalar el llamado Gobierno de Transición; ni con sus orígenes, ni con su desarrollo ni con sus consecuencias** […]

SEGUIDAMENTE EL MINISTERIO PÚBLICO PASA A INTERROGAR DE LA SIGUIENTE MANERA: Primera: ¿Diga usted si tiene conocimiento de qué personas le suministraron el documento del Decreto que tantas veces usted menciona, al ciudadano Pedro Carmona Estanga? Contestó: **No tengo conocimiento directo, lo que sé es lo que el Dr. Carmona me indicó que el documento se lo había dado al él llegar a Fuerte Tiuna el abogado de apellido Romero.**

2. a) La imputación que formula el Ministerio Público contra don Allan R. Brewer-Carías es «por su participación en la redacción y elaboración del <Acta de Constitución del Gobierno de Transición Democrática y Unidad Nacional>».

Como ya he manifestado en relación con el elemento probatorio 23 (manifestaciones de don Jorge Olavarría), quien suscribe este Dictamen tiene que reiterar su asombro y desconcierto ante el hecho de **que el Ministerio Público convierta, al margen de toda lógica y razón, lo que es una prueba de descargo en una de cargo**.

Porque lo que el señor Brewer-Carías manifiesta en su entrevista ante el Ministerio Fiscal de 3 de junio de 2002 es que don Pedro Carmona requirió al señor Brewer-Carías para que se trasladara a Fuerte Tiuna a fin de que «analizara un documento que le habían entregado [al señor Carmona] cuando llegó a ese lugar», es decir: que analizara un documento [«el Acta»] **que habían redactado, no don Allan R. Brewer-Carías, sino otras personas**, y que no ha «tenido nada que ver con las decisiones políticas contenidas en el acto que pretendió poner en vigor un nuevo orden político e instalar el Gobierno de Transición; ni con sus orígenes, ni con su desarrollo ni con sus consecuencias».

Y manifiesta también, no sólo que no ha redactado dicha «Acta», sino que se opuso frontalmente a su contenido «porque significaba una ruptura del orden constitucional», porque «violaba el principio de la democracia representativa, al pretenderse suspender el funcionamiento del Parlamento», porque era «improcedente que ... se suspendiera el funcionamiento de la Asamblea Nacional», esforzándose don Allan R. Brewer-Carías «en contribuir al restablecimiento del orden constitucional, en que se modificara el decreto mencionado y en particular que se restableciera la Asamblea Nacional», advirtiendo «que la disolución o suspensión de la Asamblea carecía de fundamento jurídico y era contraria a los principios de la democracia representativa contenidos en la Carta Democrática Interamericana», sin que, desgraciadamente, don Pedro Carmona «[atendiera su] recomendación jurídica», ni se «tomar[an] en cuenta [sus] advertencias».

b) Que de estas declaraciones de don Allan R. Brewer-Carías: que el documento había sido redactado por otros, que se le presentó por el señor Carmona para su examen, que advirtió reiteradamente que tal documento rompía el orden constitucional, el principio de la democracia representativa, y que era improcedente y contrario a la Carta Democrática Interamericana, **deduzca el Ministerio Fiscal justamente lo opuesto a lo manifestado por el señor Brewer-Carías**, a saber: deduzca que es éste quien ha redactado el decreto en el que se preveía la disolución de los Poderes Públicos, constituye una vulneración del derecho a la presunción de inocencia de aquél tan manifiesta como incomprensible.

Porque el principio de la presunción de inocencia **también** quiere decir que «a partir de la existencia de unos indicios plenamente probados» se llegue a enervar dicha presunción con «**la razonabilidad y coherencia del proceso de inferencia**» (sentencia del TC 283/1994, de 24 de octubre), siendo preciso que se explique «el iter mental ... **a fin de que pueda enjuiciarse la**

racionalidad y coherencia del proceso mental seguido» (sentencia del TC 24 /1997, de 11 de febrero), o, con otras palabras: que la presunción de inocencia sólo se destruye cuando los elementos probatorios la enervan «a través de un proceso mental razonado y acorde con las reglas del criterio humano ... [sobre la base] de un enlace lógico, preciso y directo» (sentencia del TC 157/1998, de 13 de julio), debiendo darse «una razonabilidad del discurso» (sentencia del TC 219 /2002, de 25 de noviembre), o, resumiendo: se lesiona el derecho a la presunción de inocencia «cuando por ilógico o insuficiente no sea razonable el *iter* discursivo que conduce desde la prueba» (sentencia del TC 155/2002, de 22 de julio).

De todo lo cual se sigue: Al incorporar el Ministerio Público al acta de imputación, como elemento probatorio 26, la entrevista rendida ante aquél por don Allan R. Brewer-Carías se ha vulnerado, una vez más, el derecho de éste a la presunción de inocencia: porque no hay modo más irrazonable e irrazonado, contrario a las reglas del criterio humano e ilógico que un *iter* discursivo, como el seguido por el Ministerio Fiscal, donde, desde las declaraciones del señor Brewer-Carías de que él no ha intervenido en un decreto que, ya redactado, fue sometido a su opinión de experto, rechazándolo radicalmente en su contenido por antidemocrático, rupturista del orden constitucional y contrario a la Carta Democrática Interamericana, se infiera que él ha redactado dicho decreto y que le parecía muy bien la disolución de los Poderes Públicos.

Q.   Libro publicado por don Pedro Carmona bajo el título «*Mi Testimonio ante la Historia*» (elemento probatorio 25)

1. a) A los efectos que aquí interesan, de las páginas 123, 124 y 125 del referido libro que se mencionan en el acta de imputación, el pasaje que se refiere a don Allan R. Brewer- Carías es el siguiente:

> «No fue sencilla la preparación del controvertido Decreto del 12 de abril, mediante el cual se instaló el Gobierno de Transición y de Unidad Democrática. Mucho se ha especulado sobre su origen y se le ha analizado en forma prejuiciada o maliciosa. Ante esta pregunta, manifesté en la interpelación parlamentaria y lo confirmo: no hubo autorías únicas. Fueron numerosas las opiniones recibidas. Se escuchó a juristas civiles, entre ellos a los Doctores Allan Brewer-Carías, Carlos Ayala Corao, Cecilia Sosa, Daniel Romero, Juan Raffalli, Gustavo Linares Benzo, José Gregorio Vásquez, al Coronel Julio Rodríguez Salas y a numerosos actores políticos, **pero no puede decirse que sus opiniones fueron plasmadas plenamente o que se les pueda imputar su redacción.** De ellos, Daniel Romero actuó como un relator».

b) Independientemente de que, como analizaremos más adelante, ese pasaje de ninguna manera puede considerarse un elemento probatorio contra el señor Brewer-Carías, el hecho es que, faltando a su deber de imparcialidad, el

Ministerio Público no recoge otros pasajes **del mismo libro** ni otras declaraciones del señor Carmona que constituyen elementales pruebas de descargo para aquél. Así, y en primer lugar, en las páginas 107-108 se puede leer lo siguiente:

«Cuando ya se daba como un hecho el anuncio de la renuncia presidencial, se comenzó a analizar en Fuerte Tiuna la orientación que podría asumir un nuevo gobierno, con base en un borrador elaborado por un grupo de abogados, entre ellos Daniel Romero. Hablé telefónicamente con el Dr. Allan Brewer-Carías, a quien me unía una respetuosa relación profesional. **Envié a mi conductor a buscarlo a su residencia y al llegar al lugar, le solicité analizar el papel de trabajo en el cual se encontraban plasmadas varias ideas al respecto. Pero es justo puntualizar, como lo hice ante la Asambleas Nacional, que nunca he atribuido al Dr. Brewer-Carías la autoría del Decreto, pues sería irresponsable, como lo hicieron luego representantes del oficialismo para inculparlo. Respeto incluso las diferencias que el Dr. Brewer expresara en relación con el camino elegido y las constancias que dejó en las actas de la entrevista que le hiciese la Fiscalía General de la República, aun cuando discrepo de algunas de sus interpretaciones. Pero él mismo dijo que se alegró con la rectificación posterior del Decreto [que restablecía la representación popular de la Asamblea Nacional], pues atendía a la esencia de sus preocupaciones, principalmente respecto a la Carta Democrática Interamericana**».

Por otra parte, **el Ministerio Fiscal también silencia** que, en la interpelación, a la que también alude en ese mismo libro don Pedro Carmona, que se le hizo a éste en la Comisión Especial de la Asamblea Nacional el día 2 de mayo de 2002, manifestó lo siguiente:

«Al doctor Allan Brewer Carías me une una larga y respetuosa amistad, y lo considero uno de los juristas y constitucionalistas de mayor valía que existe en Venezuela, de manera que a él me une una larga amistad, **pero en forma alguna puedo señalar, porque sería irresponsable por mi parte, que cualquier indicación, aporte, acuerdos, desacuerdos con las decisiones tomadas, lo comprometen en forma alguna**».

«Él es una personalidad conocida por toda la nación fue miembro de la Asamblea Constituyente y desde luego un reconocido jurista, investigador, autor, que no merece presentación alguna, salvo el nexo entonces de amistad. **El doctor Allan Brewer Carías no tiene responsabilidad alguna, sino la de haber emitido profesionalmente algún criterio que, repito, lo comprometa con ninguna acción de esas cortas horas de provisionalidad, o transitoriedad de esos días**».

2. Quien suscribe este Dictamen permanece asombrado y desconcertado, porque no entiende cómo es posible que el Ministerio Público transforme, al igual que con los testimonios del señor Olavarría y del propio señor Brewer-Carías, pruebas de descargo en pruebas de cargo.

a) Por lo que se refiere al pasaje del libro de don Pedro Carmona «*Mi Testimonio ante la Historia*», que se recoge en el acta de imputación, lo que en él se dice en referencia a don Allan R. Brewer-Carías es que «no puede decirse ... que se le[s] pueda imputar su redacción [del decreto de 12 de abril]». De acuerdo, **y tal como exige el derecho a la presunción de inocencia (cfr. supra P 2 b),** con un *iter* discursivo razonable y razonado, conforme con las reglas del criterio humano, y sobre la base de un enlace lógico, preciso y directo, lo que se sigue de esas frases del señor Carmona es, **pleonásticamente**, que al señor Brewer-Carías **no** se le puede imputar la redacción del decreto. Que el Ministerio Fiscal deduzca de ese pasaje, en cambio, que a don Allan R. Brewer-Carías **sí** que se le puede imputar la redacción del decreto, desborda, de nuevo, lo que es jurídico-democráticamente tolerable.

b) A la misma conclusión: a la conclusión de que el libro de don Pedro Carmona constituye una prueba de descargo para el señor Brewer-Carías, se llega tomando en consideración otros pasajes de la obra que el Ministerio Fiscal **oculta.**

Porque si el señor Carmona afirma **también** en su libro –como efectivamente afirma- que «es justo puntualizar, como lo hice ante la Asamblea Nacional, que nunca he atribuido al Dr. Brewer-Carías la autoría del Decreto», que «sería irresponsable por mi parte, que cualquier indicación, aporte, acuerdos, desacuerdos con las decisiones tomadas, lo comprometen [al señor Brewer-Carías] en forma alguna», reconociendo que «él mismo [don Allan R. Brewer-Carías] dijo que se alegró con la rectificación posterior del Decreto [que restablecía la representación popular de la Asamblea Nacional], pues atendía a la esencia de sus preocupaciones, principalmente respecto de la Carta Democrática Interamericana», todo ello constituye, por encima de cualquier discusión posible, una **abrumadora prueba de descargo** para don Allan R. Brewer-Carías.

R. **El «Acta de Constitución del Gobierno de Transición Democrática y Unidad Nacional» (elemento probatorio 1)**

Este texto del «Acta de Constitución del Gobierno de Transición Democrática y Unidad Nacional» sería el objeto material del supuesto delito. Pero, naturalmente, que para destruir una presunción de inocencia es preciso **poner en conexión** el hecho punible con una **determinada persona** como autora del mismo, en este caso, y para enervar la presunción de inocencia del señor Brewer-Carías, sería necesario que de ese elemento probatorio 1 resultara que había sido redactado por aquél, algo que aquí no sucede, porque el «Acta», **como tal,** sólo acredita que ésta existe, pero no a qué persona o personas es reconducible su elaboración. Como ha establecido reiteradamente el Tribunal Constitucional español, y por sólo mencionar dos sentencias (que se remiten a otras muchas), «ha de recordarse que si **la presunción de inocencia queda desvirtuada** cuando ha existido una suficiente actividad probatoria de cargo (SSTC 36/1983, 62/1985, 5/1989 y 138/1990, entre otras muchas), **para ello es necesario** que la prueba practicada evidencie **no sólo la comisión de un** hecho punible, sino también <todo lo atinente a la participación que en él tuvo el acusado> (STC 118/1991 y, en igual sentido, STC 150/1989). Pues es la conexión entre ambos elementos la que fundamenta la acusación contra una persona y, lógicamente, uno y otro han de ser objeto de prueba» (sentencia del TC 283/1994, de 24 de octubre), insistiéndose asimismo en la sentencia del TC 157/1998, de 13 de julio, «respecto de la presunción de inocencia» que para que «una actividad probatoria sea suficiente para desvirtuarla es necesario que la evidencia que origine su resultado lo sea tanto respecto a la existencia del hecho punible, como en lo atinente a la participación en él del acusado».

Siendo así que el elemento probatorio 1 (el «Acta de Constitución del Gobierno de Transición Democrática y Unidad Nacional») lo único que acredita es la existencia de un supuesto hecho punible, pero no que a éste esté conectada la participación de don Allan R. Brewer-Carías, de ahí que al incorporarse ese «Acta» sin más como elemento probatorio 1, se esté vulnerando, nuevamente, la presunción de inocencia del señor Brewer-Carías.

S. Cinta VHS, enviada al Ministerio Público por CONATEL, en la que se aprecia el desarrollo del acto de 12 de abril de 2002, en el que fue leída el «Acta de Constitución del Gobierno de Transición Democrática y Unidad Nacional», la que contiene un «Decreto de Constitución de un Gobierno de Transición Democrática y Unidad Nacional» (elemento probatorio 24)

Este supuesto elemento probatorio 24 para enervar la presunción de inocencia de don Allan R. Brewer-Carías vuelve a producir tanto desconcierto como perplejidad: porque, como se acaba de exponer supra R, al analizar el elemento probatorio 1, es decir: el solo texto del «Acta de Constitución del Gobierno de Transición Democrática y Unidad Nacional», **tampoco aquí –y por ello se está vulnerando nuevamente la presunción de inocencia del señor Brewer-Carías– se establece conexión alguna entre el supuesto hecho punible y la intervención en ese hecho de aquél**, y mucho menos aún teniendo en cuenta que en dicho acto no aparece para nada don Allan R. Brewer-Carías.

T.   Denuncia formulada por don Alberto Bellorín ante el Ministerio Público el 22 de mayo de 2002 (elemento probatorio 2)

Para acreditar la supuesta participación de don Allan R. Brewer-Carías en la redacción del «Acta de Constitución del Gobierno de Transición Democrática y Unidad Nacional», el señor Bellorín se basa en su denuncia sobre exactamente las mismas supuestas pruebas que –con las mismas inexactitudes y alteraciones– se recogen en el acta de imputación como elementos probatorios 3 a 22, elementos probatorios 3 a 22 que, como se ha argumentado ampliamente a los largo de este Dictamen, en modo alguno son aptos para enervar la presunción de inocencia de don Allan R. Brewer-Carías.

Por lo demás, y posteriormente, en su declaración ante el Ministerio Público el 11 de julio de 2002 (pieza XV, pp. 61 ss.), el mismo don Alberto Bellorín, no en relación a la existencia de un supuesto delito, **pero sí en lo que se refiere a quiénes podrían haber intervenido en él**, y, sin duda, habiendo recapacitado sobre la inexistencia de pruebas que podrían incriminar a don Allan R. Brewer-Carías, **rectifica** lo expresado en su denuncia original, manifestando que «tomé la decisión de formular la presente denuncia, **no imputando a nadie en particular**, sino con la convicción de la existencia de un hecho punible y las múltiples evidencias de la concurrencia el dicho delito de muchas personas [al contrario que en su denuncia, **sin designar al señor Brewer-Carías**] con diferente grado de participación los cuales deben ser objeto de una investigación», añadiendo: «**yo no los estoy acusando a ellos [no está acusando, por consiguiente, a don Allan R. Brewer Carías**], yo denuncio lo que se desprende de toda la información pública y notoria».

III. SOBRE SI LOS SUPUESTOS ELEMENTOS PROBATORIOS CONTENIDOS EN EL ACTA DE IMPUTACIÓN CONSTITUYEN UN «HECHO NOTORIO COMUNICACIONAL»

1. Introducción

Aunque en la denuncia de don Alberto Bellorín se dice textualmente que «es un **hecho notorio comunicacional** reiterado y por todos conocidos a través de los diversos medios de comunicación que los autores de dicho decreto son los ciudadanos Allan Brewer Carías, Carlos Ayala Corao, Cecilia Sosa y Daniel Romero, conocidos los tres primeros como expertos en materia constitucional, tal como se desprende de los artículos periodísticos que de seguida referimos ...», citándose a continuación, para fundamentar ese supuesto «hecho notorio comunicacional», las referencias periodísticas que, posteriormente, se incorporaron al acta de imputación como elementos probatorios 3 a 22, **lo cierto es que en dicha acta de imputación no se apela para nada, para intentar acreditar la participación en los hechos del señor Brewer-Carías, a que dichos artículos periodísticos y trasmisiones televisivas integrarían un «hecho notorio comunicacional»**, con lo que implícitamente se da a entender por el Ministerio Público que, para él, tales artículos y transmisiones constituirían, **por sí mismos**, auténticas pruebas de cargo sin más, algo que, como se acaba de argumentar a lo largo del apartado II de este Dictamen, es jurídicamente insostenible a la luz de las Declaraciones internacionales y nacionales de derechos humanos.

No obstante no figurar en el acta de imputación la consideración de que tales supuestos elementos probatorios constituirían un «hecho notorio constitucional», como este razonamiento figura en la denuncia del señor Bellorín, en lo que sigue paso a exponer por qué ese razonamiento carece de cualquier fuerza de convicción.

2. El «hecho notorio comunicacional» en la jurisprudencia de la Sala Constitucional del Tribunal Supremo de Justicia y su aplicación al caso sometido a Dictamen

a) Según la Sala Constitucional del TSJ, en su sentencia núm. 98, de 5 de marzo de 2000, para que pueda entrar en juego un hecho como «notorio comunicacional», es preciso que se haya publicitado mediante «noticias» y que no haya sido «desmentido». «Así», puede leerse en esa sentencia, «los medios de comunicación social escritos, radiales o audiovisuales, publicitan un hecho como cierto, como sucedido, y esa situación de certeza se consolida **cuando el hecho no es desmentido** a pesar de que ocupa un espacio reiterado en los medios de comunicación social», ilustrándose ese principio con los siguientes ejemplos: «De esta manera, el colectivo se entera de conflictos armados, de los viajes del Presidente de la República, de los nombramientos que hace el Congreso, de la existencia de crímenes y otros delitos, etc.», puesto que «desde este ángulo, las informaciones sobre sucesos y eventos que en forma unánime y en el mismo sentido hacen los medios de comunicación social de alta circulación o captación, son aprehendidas por toda la colectividad, que así sabe, por ejemplo, que se interrumpió una vía, se produjo un accidente aéreo, se dictó una resolución judicial en un caso publicitado, etc.». Y en otro pasaje de la referida sentencia se dice: «El hecho comunicacional puede ser acreditado por el juez o por las partes con los instrumentos contentivos de lo publicado, o por grabaciones o vídeos, por ejemplo, de las emisiones radiofónicas o de las audiovisuales, que demuestren la difusión del hecho, su uniformidad en los distintos medios y su consolidación; es decir, lo que constituye la noticia».

b) Los artículos periodísticos y las retransmisiones televisivas, a los que se acoge en su denuncia el señor Bellorín para tratar de fundamentar que constituye un «hecho notorio comunicacional» la participación de don Allan R. Brewer-Carías en la redacción del «Acta de Constitución del Gobierno de Transición Democrática y Unidad Nacional», no pueden tener esa condición, independientemente de por los razonamientos que se expondrán infra 3, por los argumentos que se desarrollan a continuación:

En primer lugar, porque la participación del señor Brewer-Carías en la redacción del Decreto ha sido reiterada y públicamente **desmentida, con lo que no concurre uno de los requisitos exigidos por la jurisprudencia del TSJ para que dicha supuesta participación adquiera el carácter de «hecho notorio comunicacional».** Esos **desmentidos** se contienen en, entre otras, las siguientes publicaciones:

- En las **reseñas periodísticas** de la rueda de prensa convocada por el propio señor Brewer-Carías el 16 de abril de 2002, y en la que **negó rotundamente cualquier intervención en la elaboración y redacción del «Acta»**, reseñas de prensa que aparecieron, entre otros, en los siguientes medios de comunicación: en «*El Globo*», de Caracas, de 17 de abril de 2002, p. 4; en «*Notitarde*», de Valencia, en la misma fecha; en «*El Nuevo País*», de Caracas, también el 17 de abril de 2002, p. 2; en «*El Siglo*», de Maracay, en la misma fecha, p. A-10; en «*El Universal*», de Caracas, asimismo en la misma fecha, pp. 1-4; y en diario «*2001*», de Caracas, también el 17 de abril de 2002, p. 9.

- En una entrevista realizada a don Jorge Olavarría y publicada en «*El Nacional*» de 4 de junio de 2002, donde aquél declara: «**Es una infamia decir que Brewer tuvo que ver con eso [con el Decreto]**», así como en otra entrevista concedida por el mismo señor Olavarría al diario «*Últimas Noticias*», también de 4 de junio de 2002, donde reitera ese **desmentido**.

- En unas declaraciones de don Jesús Soriano, publicadas en «*El Nacional*» de 27 de abril de 2002, y en las que manifiesta: «**Luego hablé con Daniel Romero, que me aseguró haber redactado el decreto con toda la intención**: le indiqué la gravedad del asunto, pero no me escuchó».

- En la interpelación que se le hiciera a don Pedro Carmona en la Comisión Especial de la Asamblea Nacional, interpelación que fue reseñada en «El Universal», pp. 1-2, en «*El Nacional*», p. D-1, y en «Así es la noticia», p. 5, todos ellos de fecha 3 de mayo de 2002, y en la que aquél declaró que «**el doctor Allan Brewer Carías no tiene responsabilidad alguna**».

- Y, finalmente, y por no multiplicar las referencias, en el libro «*Mi Testimonio ante la Historia*», de don Pedro Carmona, que, incomprensiblemente, el Ministerio Público considera prueba de cargo, cuando realmente lo es de descargo (véase supra II Q), y en el que aquél escribe que «no puede decirse ... que [a don Allan R. Brewer Carías] se le[s] pueda imputar su redacción [del decreto]», y que «es justo puntualizar, como lo hice ante la Asamblea Nacional, que **nunca he atribuido al Dr. Brewer-Carías la autoría del Decreto**».

Y, en segundo lugar, las referencias periodísticas que el denunciante don Alberto Bellorín considera que constituyen un «hecho notorio comunicacional» **–no así el Ministerio Público en su acta de imputación-** no pueden ser consideradas como tales, pues, en realidad, esa supuesta –y falsa- intervención de don Allan R. Brewer-Carías en la redacción del «Acta de Constitución del Gobierno de Transición Democrática y Unidad Nacional» no integra una «noticia», tal como el TSJ estima, que lo son, por ejemplo, «los conflictos armados, los viajes del Presidente de la República, los nombramientos que hace el Congreso, la interrupción de una vía o un accidente aéreo», ya que en estos casos se trata de **acontecimientos públicos** de los que dan cuenta los periodistas, bien porque los han presenciado directamente, bien porque han recopilado la información de testigos directos **cuya identidad no se oculta deliberadamente.** En cambio, la supuesta intervención del señor Brewer-Carías en la redacción del Decreto **no constituiría acontecimiento público alguno**: esa supuesta intervención que, como los mismos periodistas que figuran en la denuncia del señor Bellorín confiesan abiertamente, no ha sido presenciada por ellos, la fundamentan en lo que les ha contado un presunto testigo directo del que se niegan a facilitar quién ha sido, lo que condiciona, a su vez, que se ignore si esos periodistas son testigos de referencia, ya que no está descartado que esa cualidad de supuesto testigo de referencia sólo la ostentara uno de los informadores, del que los restantes habrían copiado **acríticamente** esa primera información, por lo que, en realidad, ni siquiera serían testigos de referencia de un supuesto testigo directo, sino testigos de referencia de un primer y supuesto testigo de referencia –si oculta quién es el referenciado, su condición no puede pasar de la de «supuesto testigo de referencia»- de un supuesto testigo directo –si no se comunica la identidad de éste, la única cualidad que puede atribuírsele es la de «supuesto testigo directo»-.

3. «Hecho notorio comunicacional» y Declaraciones universales, internacionales y nacionales de derechos humanos

a) Los derechos recogidos en las Declaraciones universales, internacionales y nacionales de derechos humanos tienen un carácter supranacional, hasta el punto de que sus formulaciones de, por ejemplo, el derecho a la presunción de inocencia (cfr. supra II A 2 a) o del derecho de defensa (véase supra II A 5 a) se plasman en los distintos textos internacionales y nacionales **con definiciones casi idénticas**. Por ello, porque los textos de referencia son prácticamente los mismos, y porque las Constituciones nacionales (así, por ejemplo, en los arts. 22 y 23 CNRB, y en el art. 10.2 CE) reconocen a esos textos jerarquía constitucional, en las interpretaciones de los derechos humanos no estamos ante disposiciones que, por su naturaleza e idiosincrasias nacionales, permitan una exégesis también nacional; por el contrario, en materia de derechos humanos –y por la universalidad de sus definiciones- no existe una interpretación venezolana, española, europea, argentina o australiana, sino sólo una única interpretación internacional con vigencia en todos los Estados democráticos de Derecho.

b) Por todo ello, no se puede acudir a la razonable construcción de la jurisprudencia constitucional venezolana del «hecho notorio comunicacional», para –desnaturalizándola, tal como hace don Alberto Bellorín en su denuncia- tratar de anular la vigencia de los derechos a la presunción de inocencia y a la defensa. Y si, como se ha argumentado ampliamente en el apartado II de este Dictamen, la toma en consideración, como pruebas de cargo, de las referencias periodísticas enumeradas en la denuncia vulneran –como vulneran- tanto el derecho a la presunción de inocencia como el derecho de defensa del señor Brewer-Carías, de ello hay que concluir que no es jurídicamente posible encubrir esa vulneración –tal como hace, sin embargo, el señor Bellorín en su denuncia- acogiéndose a una abiertamente incorrecta interpretación de la construcción constitucional del «hecho notorio comunicacional», ya que esa construcción tiene que ser compatible –y ahí están sus límites- con los derechos humanos reconocidos en la CNRB y en los textos internacionales con jerarquía constitucional.

IV. CONCLUSIONES

Primera.- Los testimonios contenidos en los artículos periodísticos y entrevistas televisivas de dona Patricia Poleo, don Edgar López, doña Mariela León, don Roberto Giusti, don Ricardo Peña, don Francisco Olivares, don Rafael Poleo y don Teodoro Petkoff deberían haber sido rechazados «a limine» por el Ministerio Público, tal como dispone imperativamente el art. 710 de la Ley de Enjuiciamiento Criminal española: «Los testigos expresarán la razón de su dicho **y, si fueren de referencia, precisarán el origen de la noticia, designando con su nombre y apellido, o con las señas con que fuere conocido, a la persona que se la hubiese comunicado**». Ello es así, no sólo porque el testimonio de un testigo de referencia que no identifica a su fuente –con lo que no se puede saber si existe verdaderamente un testigo directo, ni, tampoco, y consiguientemente, si quien se hace pasar por testigo de referencia ostenta realmente esa condición- **es inhábil para enervar la presunción de inocencia**, sino porque darle el valor de prueba de cargo **vulnera, asimismo, el derecho de defensa, como emanación del derecho a un proceso, justo, equitativo y con todas las garantías**, ya que se ha privado a don Allan R. Brewer-Carías de la posibilidad de interrogar a esos supuestos testigos presenciales, y, con ello, de la posibilidad también de fiscalizar la credibilidad de éstos, o ponerla en duda, así como de poder acreditar que son unos testigos hostiles o parciales. A la misma conclusión –vulneración del derecho de defensa- habría que llegar si, aunque esos supuestos testigos de referencia hubieran identificado –lo que no hizo ninguno- a sus presuntos informantes, se le hubiera privado al imputado de la oportunidad de recibirles declaración, ya que el testigo indirecto sólo puede sustituir al directo –sin vulnerarse los derechos de presunción de inocencia y de defensa-, si la declaración del presencial –por fallecimiento o por imposibilidad de localización, por ejemplo- ha devenido objetivamente imposible.

Por lo demás, y al no haber dado razón ninguno de los supuestos testigos de referencia de quién es su fuente de información, se desconoce también si existe un único primer supuesto testigo de referencia, y los restantes, que se hacen pasar como tales, son sólo testigos de referencia de ese primer supuesto primer testigo de referencia.

El acogimiento al secreto profesional para negarse a revelar las presuntas fuentes de información es irrelevante: el periodista en muy libre de acogerse a él, pero lo que no puede pretender es que entonces su supuesta información pueda tener efecto probatorio alguno en un procedimiento penal, porque en ese caso seguirá siendo, jurídicamente, un testigo de referencia que se niega a dar cuenta de sus presuntas fuentes, y porque, naturalmente, el secreto periodístico no está por encima de los derechos humanos fundamentales a la presunción de inocencia y a la defensa.

Segunda.- Todavía sin abandonar el testimonio de esos presuntos testigos de referencia, **y aunque ya ha quedado razonado por qué no pueden ser tenidos en cuenta como prueba de cargo, ya que, si se hiciera, se vulnerarían los derechos a la presunción de inocencia y de defensa**, no obstante, a lo ya dicho hay que añadir, **además:**

Que las numerosas y diversas manifestaciones de la señora Poleo son tan incompatibles y contradictorias entre sí que, aunque hubiera sido un testigo directo, tampoco podrían haber sido tenidas en cuenta para fundamentar la imputación del señor Brewer-Carías. Que don Edgar López, en uno de los pasajes de su artículo periodístico, se limita a reseñar una supuesta opinión positiva de don Allan R. Brewer-Carías sobre el «Acta de Constitución del Gobierno de Transición Democrática y Unidad Nacional» –opinión que fue desmentida por aquél-, y que, en cualquier caso, de una opinión positiva sobre un determinado texto no se puede inferir razonada y razonablemente que quien la emite sea el autor de dicho texto. Que doña Mariela León en ninguna parte de su reseña periodística afirma que don Allan R. Brewer-Carías sea el autor de la mencionada «Acta», por lo que el Ministerio Público no puede recurrir a esa reseña para imputar a aquél lo que ni siquiera le imputa el supuesto testigo de referencia. Que, igualmente, don Roberto Giusti no imputa en su artículo periodístico al señor Brewer-Carías que este haya redactado y elaborado la referida «Acta», por lo que mal puede servir de indicio de que se ha realizado un determinado comportamiento un texto en el que no se atribuye a nadie ese comportamiento. Que don Ricardo Peña sólo atribuye a don Allan R. Brewer-Carías el papel de asesor del Decreto, con lo que no sólo descarta que lo haya redactado, sino que tampoco concreta si dicho asesoramiento fue favorable o desfavorable al contenido de dicho Decreto, independientemente de que el auténtico redactor asumiera o no los consejos que se le daban; y, además, y en relación todavía con el artículo periodístico del supuesto testigo de referencia don Ricardo Peña, que lo que éste realmente manifiesta es que el señor Brewer-Carías **«supuestamente»** habría sido un «asesor», con lo que el Ministerio Fiscal da por acontecido lo que el señor Peña no afirma como realmente sucedido, lo cual constituye **una forma específica de ulterior vulneración del derecho a la presunción de inocencia por infracción del principio «*in dubio pro reo*».** Que don Francisco Olivares, en su artículo publicado en «*El Universal*» de 26 de abril de 2002, en ningún momento designa nominalmente a don Allan R. Brewer-Carías como autor de la tantas veces mencionada «Acta», por lo que no es jurídicamente admisible que el Ministerio Público pueda imputar a una persona cuando ni siquiera la imputa el testigo sobre el que se basa para hacerlo, y todo ello independientemente de que, de esta manera, **el acta de imputación estaría infringiendo el principio «*in dubio pro reo*» como derivación del derecho a la presunción de inocencia.** Y, finalmente, y por lo que se refiere al supuesto testigo de referencia don Teodoro Petkoff, y prescindiendo de que el Ministerio Público, infringiendo su deber de imparcialidad, tergiversa, en perjuicio del imputado, lo realmente manifestado por aquél, que, posteriormente, el mismo señor Petkoff atribuyó a «una inexcusable ligereza por [su] parte» el haber manifestado que creía «adivinar el talento» del señor Brewer-Carías detrás del «Acta», intuición que, por otra parte, carece de cualquier eficacia probatoria, ya que una mera intuición en ningún caso puede enervar la presunción de inocencia.

Tercera.- Consignar como elemento probatorio de cargo en el acta de imputación el artículo de doña Laura Weffer Cifuentes, publicado en «*El Nacional* de 13 de abril de 2002, supone una **ulterior vulneración del derecho de**

don Allan R. Brewer-Carías a la presunción de inocencia, pues la **mera presencia** de una persona en el lugar donde presuntamente se habría cometido un hecho punible nunca puede justificar, por sí sola, que aquélla ha tenido intervención en éste, ya que para que «**la presunción de inocencia quede desvirtuada** con una suficiente actividad probatoria de cargo ... es necesario que la prueba practicada evidencie no sólo la comisión de un hecho punible, **sino también todo lo atinente a la participación que en él tuvo el acusado. Pues es la conexión entre ambos elementos la que fundamenta la acusación contra una persona, y, lógicamente, uno y otro han de ser objeto de prueba**». Por los mismos motivos, **y porque sólo se afirma la presencia del señor Brewer-Carías en Fuerte Tiuna** –presencia que, por otra parte, aquél ha justificado y explicado ampliamente: fue llamado como asesor experto, y su opinión sobre el «Decreto» tuvo un signo inequívocamente desfavorable-, la inclusión en el acta de imputación del artículo de doña Nitu Pérez Osuna, publicado en «*El Mundo*» de 3 de mayo de 2002, **conculca el derecho de don Allan R. Brewer-Carías a la presunción de inocencia**, así como también la consideración como elemento probatorio del programa «Voces de un País», transmitido por *Globovisión* el 28 de mayo de 2002, donde únicamente se registra la presencia del señor Brewer-Carías en dicho lugar.

Cuarta.- El artículo de doña Milagros Socorro en «El Nacional» de 27 de abril de 2002, en el que se atribuye la participación en el «Acta de Constitución del Gobierno de Transición Democrática y Unidad Nacional» a los «mejores constitucionalistas del país», **no constituye prueba de cargo alguna contra el señor Brewer-Carías**: en primer lugar, porque en dicho artículo no se designa nominalmente a don Allan R. Brewer-Carías, por lo que es inadmisible que el Ministerio Fiscal pueda imputar a una persona cuando ni siquiera la imputa el testigo sobre el que se basa para hacerlo; y, en segundo lugar, porque aunque se quisiera admitir erróneamente que el señor Brewer-Carías pudiera ser alguno de esos «constitucionalistas», lo que en cualquier caso está fuera de discusión es que ello, como mucho, no pasa de constituir una probabilidad, **y convertir una probabilidad en certeza infringe el principio «*in dubio pro reo*» como derivación del derecho a la presunción de inocencia**. Por los mismos motivos carecen del carácter de prueba de cargo, y constituyen una conculcación del derecho a la presunción de inocencia, las declaraciones de don Isaac Pérez Recao («expertos constitucionalistas») y de don Tarek William Saab («grupo de constitucionalistas muy respetado»).

Quinta.- Las declaraciones de don Jorge Olavarría en las que manifiesta la de ser «**una injuriosa falsedad [la] que le atribuye al Dr. Allan Brewer Carías, de haber sido el autor del acta de constitución del llamado <Gobierno de transición y unidad nacional> instalado en el Palacio de Miraflores la tarde del pasado 12 de abril**», que le «**consta que el Dr. Brewer no redactó ese documento**», «**a quien la envidia y la mezquindad se han complacido en zaherir imputándole la autoría de un documento**», y que «**de allí que corriera la especie de que él había tenido algo que ver con el acta de constitución** hecha pública esa tarde. Yo, mejor que nadie, sabe demasiado bien que ello no era cierto», constituyen una inequívoca prueba de descargo que el Ministerio Público considera, incomprensiblemente, una de cargo, vulnerándose, una vez más, el derecho a la presunción de inocencia de don Allan R. Brewer-Carías, en cuanto que esa inferencia infringe las más elementales reglas de la lógica y de lo que es razonable.

Igualmente, se viola ese derecho a la presunción de inocencia, cuando el Ministerio Público pretende convertir la entrevista rendida ante éste por don Allan R. Brewer-Carías de prueba de descargo, en otra de cargo, pues lo que el señor Brewer-Carías declaró fue, entre otras cosas, «no haber tenido nada que ver con las decisiones políticas contenidas en el acto que pretendió poner en vigor un nuevo orden político e instalar el llamado Gobierno de Transición; ni con sus orígenes, ni con su desarrollo ni con sus consecuencias», contestando, a la pregunta del Ministerio Fiscal de si tenía «conocimiento de qué personas le suministraron el documento del Decreto que tantas veces usted menciona, al ciudadano Pedro Carmona Estanga», que: «no tengo conocimiento directo, lo que sé es lo que el Dr. Carmona me indicó que el documento se lo había dado al él llegar a Fuerte Tiuna el abogado de apellido Romero». Y es que la presunción de inocencia sólo se destruye cuando los elementos probatorios la enervan «a través de un proceso mental razonado y acorde con las reglas del criterio humano, sobre la base de un enlace lógico, preciso y directo». Y se vulnera el derecho a la presunción de inocencia, porque éste exige también que, «a partir de la existencia de unos indicios plenamente probados», se llegue a enervar dicha presunción con «la razonabilidad y coherencia del proceso de inferencia», siendo preciso que se explique «el iter mental a fin de que pueda enjuiciarse la racionalidad y coherencia del proceso mental seguido», es decir: «a través de un proceso mental razonado y acorde con las reglas del criterio humano, sobre la base de un enlace lógico, preciso y directo». Pues bien: no hay modo más irrazonable e irrazonado, contrario a las reglas del criterio humano e ilógico que un *iter* discursivo, como el seguido por el Ministerio Fiscal, donde, desde las declaraciones del señor Brewer-Carías de que él no ha intervenido en un Decreto, se infiera, como hace el acta de imputación, que sí que ha intervenido y que le parecía muy bien la disolución de los Poderes Públicos.

Finalmente, y de la misma manera, ha de calificarse de conculcador del derecho a la presunción de inocencia que el Ministerio Fiscal, en relación con el libro de don Pedro Carmona «*Mi Testimonio ante la Historia*», vuelva a convertir una prueba de descargo en otra de cargo. Porque lo que aquél manifiesta en su obra es que a don Allan R. Brewer-Carías «no se le [s] pued[e] imputar su redacción [del Decreto de 12 de abril]», y que «el doctor Allan Brewer no tiene responsabilidad alguna, sino la de haber emitido profesionalmente algún criterio que, repito, lo comprometa con ninguna acción de esas cortas horas de provisionalidad, o transitoriedad de esos días». De acuerdo, y tal como exige el derecho a la presunción de inocencia, con un iter discursivo razonable y razonado, conforme con las reglas del criterio humano, y sobre la base de un enlace lógico, preciso y directo, lo que se sigue de esas frases del señor Carmona es que al señor Brewer-Carías no se le puede imputar la redacción del Decreto.

Sexta.- Por supuesto que el «Acta de Constitución del Gobierno de Transición Democrática y Unidad Nacional», que el Ministerio Fiscal incorpora al acta de imputación como elemento probatorio 1, **tampoco es apto para destruir la presunción de inocencia de don Allan R. Brewer-Carías**, ya que, para enervarla, es preciso poner en conexión el supuesto hecho punible con una determinada persona como autora del mismo. Y ese «Acta» lo único que acredita es la existencia de un supuesto hecho punible, pero no que a éste esté conectada la participación del señor Brewer-Carías.

Por las mismas razones, estimar como elemento probatorio una cinta de VHS en la que se aprecia el desarrollo del acto de 12 de abril de 2002, supone una nueva infracción del derecho a la presunción de inocencia de don Allan R. Brewer-Carías, pues tampoco ahí se establece conexión alguna entre el supuesto hecho punible y la intervención en ese hecho de aquél, y mucho menos teniendo en cuenta que en dicho acto no aparece para nada don Allan R. Brewer-Carías.

Séptima.- La denuncia de don Alberto Bellorín, que el Ministerio Fiscal considera que constituye también un elemento probatorio de cargo contra el señor Brewer-Carías, se basa sobre **las mismas supuestas pruebas** que se recogen en el acta de imputación como elementos probatorios 3 a 22. Por lo que, por idénticas razones por las que ésta no es apta para destruir la presunción de inocencia del señor Brewer-Carías, tampoco lo es la referida denuncia.

Octava.- La denuncia de don Alberto Bellorín –no así el acta de imputación- afirma que los artículos periodísticos y las entrevistas televisivas constituirían un «hecho notorio comunicacional», en el sentido de la doctrina de la Sala Constitucional del TSJ, de que don Allan R. Brewer-Carías habría intervenido en la redacción y elaboración del «Acta de Constitución del Gobierno de Transición Democrática y Unidad Nacional». Pero sin razón: En primer lugar, porque las informaciones aparecidas en esos medios han sido reiterada y públicamente **desmentidas** en otros medios de comunicación; en segundo lugar, porque la supuesta intervención de don Allan R. Brewer-Carías en la redacción de ese Decreto no integra «noticia» alguna –como lo son, para el TSJ, los «conflictos armados» o los «nombramientos que hace el Congreso»-, con el significado de acontecimiento público presenciado por los propios periodistas o por testigos directos cuya identidad no se oculta, sino que esa imputación es únicamente reconducible a supuestos testigos de referencia de los que ni siquiera se sabe si son testigos de referencia, ya que todos ellos ocultan deliberadamente quiénes habrían sido los supuestos testigos presenciales; y, en tercer lugar, porque la razonable construcción jurisprudencial del «hecho notorio comunicacional» tiene que ser compatible con –y matizada por- los derechos humanos –como el de la presunción de inocencia o de la defensa- reconocidos en la CNRB y en los textos internacionales con jerarquía constitucional.

Novena.- Como resumen de todo lo expuesto, hay que afirmar que el acta de imputación contra don Allan R. Brewer-Carías constituye una **violación masiva de sus derechos humanos fundamentales a la presunción de inocencia y a la defensa**, como emanación este último del derecho a un proceso justo, equitativo y con todas las garantías. Y no sólo porque se basa sobre las declaraciones de **supuestos** testigos de referencia que se niegan a identificar a sus **supuestos** testigos presenciales, sino porque la presunción de inocencia del señor Brewer-Carías también se vulnera con otras sedicentes pruebas en las que se infringe reiteradamente el principio «in dubio pro reo», en las que no se acredita conexión alguna entre el supuesto hecho punible y la participación en éste del imputado, en las que el Ministerio Público atribuye al señor Brewer-Carías lo que el testigo en cuestión de ninguna manera le imputa, y porque, finalmente, dicho Ministerio Fiscal, mediante un proceso discursivo irrazonable e irrazonado, ilógico, incoherente y contrario a las reglas del criterio humano, transforma en pruebas de cargo lo que son inequívocamente pruebas de descargo.

Este es mi criterio que someto, como siempre, a cualquier otra opinión mejor fundada.

Madrid, 12 de julio de 2005

Prof. Dr. **Enrique Gimbernat Ordeig**

SEGUNDA PARTE:

DICTÁMEN DEL PROFESOR ENRUQUE GIMBERNAT SOBRE EL TIPO DELICTIVO DE «CONSPIRACIÓN PARA CAMBIAR VIOLENTAMENTE LA CONSTITUCIÓN» DE 17 DE SEPTIEMBRE DE 2005

Por el Dr. Allan Randolph Brewer-Carías se me solicita que emita Dictamen sobre si los hechos que le imputa el Ministerio Público son subsumibles en el delito de «de conspiración para cambiar violentamente la Constitución Nacional», previsto en el art. 144.2 del Código Penal de Venezuela.

I. OBSERVACIÓN PREVIA

Tal como he expuesto y razonado en otro Dictamen, emitido también a instancias del Dr. Allan Randolph Brewer-Carías el 21 de septiembre de 2005, «el acta de imputación contra don Allan R. Brewer-Carías constituye una **violación masiva de sus derechos humanos fundamentales a la presunción de inocencia y a la defensa, como emanación este último del derecho a un proceso justo, equitativo y con todas las garantías**». A la vista de todo ello, el presente Dictamen es, en cierta manera, superfluo, ya que la imputación de cualquier actividad ilícita al señor Brewer-Carías sólo es posible sobre la base de la reiterada vulneración de los derechos fundamentales a los que nos acabamos de referir, consagrados todos ellos tanto en la Constitución de la República Bolivariana de Venezuela de 1999, como en los textos internacionales multilaterales de derechos humanos vigentes en Venezuela y en todos los restantes Estados democráticos de Derecho.

No obstante, y aunque con el acta de imputación no se hubieran violado **–como se han violado-** los derechos de don Allan R. Brewer-Carías a la presunción de inocencia y a la defensa, en lo que sigue paso a exponer por qué con los supuestos –y nulos- elementos probatorios a los que se acoge el Ministerio Público es **también** jurídicamente insostenible atribuirle a aquél un presunto delito de conspiración para la rebelión.

II. ANTECEDENTES

En su acta de imputación el Ministerio Fiscal estima que el señor Brewer-Carías:

> «**conspiró** para cambiar violentamente la Constitución ... conducta ésta que está enmarcada como delito en el Código Penal Venezolano como garantía de vigencia de la Constitución al establecer el artículo 144 el delito de <u>conspiración para cambiar violentamente la Constitución</u>, el cual se explana a continuación:

> Artículo 144: Serán castigados con presidio de doce a veinticuatro años:

> 2. Los que, sin el objeto de cambiar la forma política republicana que se ha dado la Nación, **conspiren** o se alcen para cambiar violentamente la Constitución de la República Bolivariana de Venezuela». (Subrayados en el texto original, negritas añadidas)

III. EL INSTITUTO DE LA CONSPIRACIÓN. GENERALIDADES

1. Introducción

Como ha expuesto el profesor Alberto Arteaga, con razón, «el Código Penal Venezolano, en el artículo 144, consagra el denominado delito de rebelión, **en dispositivo inspirado en el Código Penal Español de 1848, apartándose de su fuente más importante: el Código Italiano de Zanardelli de 1889**». Y es que, en efecto, y especialmente en referencia a la conspiración, es éste un instituto jurídico-penal **eminentemente español**, ya que, como se establece en la sentencia del Tribunal Supremo Español (en lo que sigue: TS) de 30 de junio de 1995, recogida en el Repertorio de Jurisprudencia Aranzadi (en lo que sigue: A.) con el número marginal 5157, la «conspiración [es] una figura jurídica artificial y de muy restringida interpretación, **que no existe en las normas penales de países de nuestro entorno**» (véase, en el mismo sentido, la sentencia del TS de 1 de octubre de 1990, A. 7625: «En el Derecho comparado de nuestro entorno esta figura delictiva [la conspiración] carece casi de contenido»).

2. La distinción entre actos preparatorios y actos ejecutivos

La práctica totalidad de los Códigos Penales del mundo castigan, además, de, naturalmente, el delito consumado, también la tentativa en sentido amplio, que comprende, tanto la inacabada (tentativa en sentido estricto) como la tentativa acabada (que en algunos Códigos, como el venezolano y en el ya derogado Código Penal español de 1973, se denomina frustración), es decir: la realización de actos ejecutivos dirigidos a la consumación del delito, sin que ésta, finalmente, se produzca: en la tentativa el autor **da principio a la ejecución del hecho**, no logrando su propósito de lesionar efectivamente el bien jurídico por causas ajenas a su voluntad. La definición de la tentativa es **similar** en los Códigos Penales de los distintos países, formulándose de la siguiente manera, y por sólo mencionar cinco ejemplos, en los textos que reproduzco a continuación:

Art. 80 Código Penal de Venezuela:

«Son punibles, además del delito consumado y de la falta, la tentativa de delito y el delito frustrado.

Hay tentativa cuando, con el objeto de cometer un delito, **ha comenzado alguien su ejecución**, por medios apropiados y no ha realizado todo lo que es necesario a la consumación del mismo, por causas independientes de su voluntad.

Hay delito frustrado cuando alguien ha realizado, con el objeto de cometer un delito, **todo lo que es necesario para consumarlo** y, sin embargo, no lo ha logrado por circunstancias independientes de su voluntad».

Art. 16. 1. del vigente Código Penal español de 1995:

«Hay tentativa cuando el sujeto **da principio a la ejecución del delito directamente por hechos exteriores**, practicando todos o parte de los actos que objetivamente deberían producir el resultado, y sin embargo éste no se produce por causas independientes de la voluntad del autor».

Art. 42 Código Penal de la Nación Argentina, bajo la rúbrica «**tentativa**»:

«El que con el fin de cometer un delito determinado **comienza su ejecución**, pero no lo consuma por circunstancias ajenas a su voluntad, sufrirá las penas determinadas en el artículo 44».

§ 22 Código Penal alemán:

«Comete tentativa de un hecho punible quien, de acuerdo con su representación, **se dispone de manera inmediata a realizar el tipo**».

Por su parte, el Código Penal Tipo para Latinoamérica, bajo la rúbrica de «**tentativa**» dispone lo siguiente:

Art. 39: «El que **iniciare la ejecución de un delito** por actos directamente encaminados a su consumación y ésta no llegare a producirse por causas ajenas a él, será reprimido con una pena no menor de los dos tercios del mínimo ni mayor de los dos tercios del máximo de la establecida para el correspondiente delito».

De lo dispuesto en esos preceptos se deduce, con carácter supranacional, que si el sujeto no ha consumado el delito, **sólo incurrirá en un comportamiento punible** si, llevando a cabo una tentativa, ha dado comienzo a la ejecución del delito –con otras palabras: si ha realizado **actos ejecutivos-, quedando al margen del Derecho penal, por ser una conducta impune, los actos preparatorios**.

Y así, y para expresarlo con ejemplos, es punible como tentativa de homicidio, **porque se ha comenzado ya la ejecución del delito**, servir la bebida envenenada a la víctima que luego rechaza ingerir por el mal olor que despide, mientras que la mera compra del veneno permanece aún dentro del campo de la **preparación**, y, al no cumplir ni el supuesto de hecho del homicidio consumado ni el del intentado, constituye un comportamiento no previsto por el legislador penal y, por consiguiente, no punible. Y de la misma manera, tratar de vender a otro, como si fuera de oro, y por un elevado precio, un reloj que sólo ha recibido un baño de oro, rechazándolo el comprador porque percibe el engaño, integra una tentativa punible de estafa, mientras que la **preparación** del artificio engañoso, cuando el sujeto en su casa acaba de dar al cronómetro la apariencia de uno fabricado con el metal precioso, es una acción penalmente atípica, porque todavía no se ha dado comienzo a la ejecución del delito –es decir: porque todavía no se ha entrado en la esfera ejecutiva–, permaneciendo la conducta, con ello, todavía dentro del campo de los actos preparatorios impunes.

3. La punición excepcional de los actos preparatorios cuando adoptan la forma de la conspiración

De esta característica legal generalizada de que sólo son punibles el delito consumado y la tentativa –es decir: la realización de actos ejecutivos sin consumación– se han apartado los Códigos Penales españoles desde el primero de 1822, en el sentido de que, de acuerdo con ellos, **y en supuestos excepcionales,** también se castigan los actos preparatorios **cuando adoptan la forma de la conspiración** (la conspiración, con una formulación inalterada que ha llegado hasta nuestros días, se define legalmente en el art. 4º de los Códigos Penales españoles de 1822, 1848, 1850, 1870, 1932, 1944/1973, en el art. 42 del de 1928, y, finalmente, en el art. 17 del vigente Código Penal de 1995), **expandiéndose el instituto jurídico-penal español de la conspiración a numerosos Códigos Penales latinoamericanos,** como, por ejemplo, al venezolano, que en su art. 144.2 castiga la conspiración para la rebelión, o al argentino, que tipifica en el art. 216 la conspiración para la traición.

Sin embargo, en ninguno de estos Códigos latinoamericanos existe una definición legal de lo que sea conspiración, por lo que, para determinar su contenido, habrá que acudir a su **origen** en la legislación española, que, desde el Código Penal de 1848, y con imperceptibles variaciones, ha establecido las características de este instituto que actualmente se recogen de la siguiente manera en el Código Penal de 1995:

«**Art. 17. 1. La conspiración existe cuando dos o más personas se conciertan para la ejecución de un delito y resuelven ejecutarlo. [...]**

3. La conspiración para delinquir sólo se castigará en los casos especialmente previstos en la Ley».

IV. EL CONTENIDO DE LA CONSPIRACIÓN

1. Su aplicación legal limitada a delitos especialmente graves

El vigente Código Penal español, en su art. 17.3 –al igual que su primer antecedente en el art. 4º del Código Penal de 1848-, parte de que **el principio (la regla)** es la punibilidad de **únicamente** el delito consumado y los actos ejecutivos sin consumación (la tentativa), y que lo **excepcional** es que, en contadas ocasiones, se puedan castigar también los actos preparatorios, siempre que éstos, primero, **se manifiesten bajo la forma de la conspiración** con el acuerdo de dos o más personas, y que, segundo, la ley establezca **expresamente**, en relación con algunos hechos punibles caracterizados por su especial gravedad, que en ellos también se castiga la conspiración[1]. Y así, por ejemplo, y porque efectivamente estamos ante un delito para el que los Códigos prevén una pena muy severa, tanto en el Código Penal venezolano (art. 144.2), como en el argentino (art. 216), como en el español (art. 477), se tipifica explícitamente la conspiración para la rebelión.

Con otras palabras y resumiendo: Porque los actos preparatorios están todavía muy alejados de la lesión del bien jurídico, y, consiguientemente, no representan aún un peligro actual para la lesión de aquél, en los Códigos Penales de los Estados democráticos, informados por los principios del «Derecho penal del **hecho**» –y no por el del autoritario «Derecho penal de autor»- y de la no-punibilidad de las ideas («*cogitationis poenam nemo patitur*»), la conspiración sólo es punible cuando, en relación con delitos de especial gravedad, la ley sanciona expresamente la conspiración para cometerlos.

2. **La interpretación restrictiva de la conspiración en la doctrina y en la jurisprudencia**

a) Introducción

Porque, como se acaba de exponer, el Derecho penal democrático es un Derecho penal de «hecho», que no castiga los simples pensamientos, por ello, y ya que se trata de actos preparatorios, la interpretación del contenido de la conspiración debe llevarse a cabo **de la manera más restrictiva posible**, como constantemente nos recuerda el Tribunal Supremo de España en, entre otras, las siguientes sentencias:

Sentencia del TS de 24 de octubre de 1990, A. 8232:

---

[1] «Se trata [en la conspiración]» –expresa la sentencia del TS de 16 de diciembre de 1998, A. 10316- «de un acto de manifestación de la voluntad o resolución manifestada, que pertenece a la fase del <iter criminis> anterior a la ejecución, por lo que se ubica entre la ideación impune y las formas de ejecución imperfecta, asimilándose a los actos preparatorios al no constituir todavía un comienzo de la ejecución, pero diferenciándose de ellos en su naturaleza inmaterial. El actual Código, con buen criterio, la considera de incriminación excepcional, es decir, que solamente se castigará en aquellos casos especialmente previstos en la ley, dada su naturaleza de <coautoría anticipada>, cuya sanción representa, en sí misma, una excepción al principio general que sitúa los límites de la punibilidad en el comienzo de la ejecución. Sólo en supuestos determinados de especial gravedad está justificado este adelantamiento de las barreras de defensa».

«... lo que ha merecido [el instituto de la conspiración] críticas de la doctrina por responder a concepciones subjetivistas que fundan la pena, no tanto en los actos de la persona, como en su voluntad delictiva o mala intención» (véase también, repitiendo casi literalmente las mismas palabras, la sentencia del TS de 6 de abril de 1995, A. 2825).

Sentencia del TS de 1 de diciembre de 1992, A. 9899:

«La conspiración, hemos dicho ya en nuestra sentencia de 1 de octubre de 1990, es una figura artificial que obliga a **una interpretación muy restrictiva**» (negritas en el texto original).

Sentencia de 30 de junio de 1995, A. 5157:

«Constituye la conspiración una forma de actos preparatorios del delito que no pertenecen aún a la ejecución misma. Por la jurisprudencia se ha señalado la necesidad de ser **interpretada de forma restrictiva**».

b) *La interpretación restrictiva de la conspiración en la científica*

De acuerdo con la doctrina absolutamente dominante en la ciencia, no cualquier acto preparatorio de dos o más personas que se ponen de acuerdo para cometer un delito integra una conspiración, sino únicamente aquellos actos preparatorios en los que el conspirador se propone **intervenir directamente en la ejecución del delito. Cuando el delito** entra en la esfera de la ejecución, y de acuerdo con la teoría de la participación delictiva, hay que distinguir entre los coautores, que son quienes, **mediante actos ejecutivos realizan el verbo nuclear del tipo**, y aquellos otros que, como **partícipes, intervienen periféricamente**, ayudando a los coautores a perpetrar el hecho delictivo. En el Código Penal venezolano los coautores serían aquellos cuya conducta es subsumible en el art. 83, mientras que los partícipes serían los que realizan alguna de las conductas previstas en el art. 84. Y, de la misma manera, en el vigente Código Penal español de 1995, serían **coautores ejecutivos**, de acuerdo con lo previsto en el art. 28, párrafo primero, «quienes realizan el hecho conjuntamente» (conducta que se corresponde con lo que el art. 14.1° del Código Penal de 1973 definía como «toma[r] parte directa en la **ejecución del hecho**»), mientras que habría que considerar partícipes [art. 28 a) y art. 29] a los que cooperan o auxilian (necesariamente o no) a que los coautores ejecutivos perpetren el hecho punible.

Con otras palabras: Cuando varios sujetos se ponen de acuerdo para realizar un delito **sólo pueden considerarse conspiradores** aquéllos que, en el reparto de papeles, se comprometen a intervenir directamente en la ejecución del hecho, mientras que el comportamiento de quienes no van a perpetrar el delito, sino que se van a limitar a que los coautores lo realicen, **queda al margen de la conspiración y constituye, por ello, una conducta preparatoria atípica y, consiguientemente, impune.** Expresándolo con un ejemplo: Si tres personas **planean** una violación, sólo serán conspiradores aquellos que se **conciertan** para perpetrar el delito y para cooperar **inmediatamente** en él, ejecutando uno, por ejemplo, el acto carnal, y sujetando el otro a la víctima para que el primero pueda realizar dicho acto, mientras que no podrá ser calificado de conspirador –ni, por consiguiente, tampoco castigado como tal-, el tercero que, **en la ideación del acontecimiento futuro**, no iba a perpetrar el delito ni a cooperar inmediatamente a su realización, sino que se limitaría a indicar a los otros dos a qué hora pasaría la víctima por un lugar apartado, propicio para llevar a cabo el ataque previsto contra la libertad sexual del sujeto pasivo.

Esta exégesis de cuál es el contenido de la conspiración la fundamenta la doctrina científica sobre la base de dos argumentos: el primero de carácter material, y el segundo teniendo en cuenta consideraciones de carácter gramatical. Por lo que se refiere al de carácter material, se llega a esa conclusión con el argumento de que el castigo de la conspiración, **por tratarse de la punición extraordinaria y excepcional de actos preparatorios**, debe ser sometida, como se acaba de exponer supra a), a una «**interpretación muy restrictiva**», por lo que hay que distinguir entre aquellos que se conciertan para intervenir directamente en la perpetración del delito (conspiradores), y aquellos otros que no van a ejecutarlo, sino que se van a limitar a ayudar a los coautores a su perpetración. El argumento de orden gramatical, por su parte, deriva del concepto legal de la conspiración, porque si ésta se define con las siguientes palabras: «La conspiración existe cuando dos o más personas se conciertan para la **ejecución** de un delito y resuelven **ejecutarlo**», entonces es obvio que no puede considerarse conspirador a quien no se ha concertado para la ejecución de un delito ni ha resuelto ejecutarlo, ya que su intervención programada va a ser la de **ayudar** a que otros lo perpetren o ejecuten.

En este sentido de reducir la conspiración a aquellos que se conciertan para ejecutar directamente el delito (a los coautores), excluyendo de esa calificación a quienes no van a perpetrarlo, sino que únicamente van a **ayudar** a otros a perpetrarlo, se han pronunciado, entre otros autores:

- Santiago MIR:

«La primera interpretación [la que concibe la conspiración como **<coautoría anticipada>**, requiriendo que los conspiradores resuelvan ejecutar todos ellos el delito como coautores] es la única que se ajusta a la letra de la ley, que no se contenta con la resolución de que se ejecute un delito, sino que se requiere que sean los conspiradores quienes resuelvan *ejecutarlo*»[2]

- RODRÍGUEZ MOURULLO:

«La conspiración es, a nuestro juicio, una coautoría anticipada, es decir, una coautoría que, en virtud de la expresa disposición del párrafo primero del artículo 4 [el que en el Código Penal de 1944/1973 regulaba la

---

[2] Santiago MIR, *Derecho penal*, Parte General, 7ª ed., Barcelona 2004, p. 341 (negritas y cursivas en el texto original).

conspiración en idénticos términos como ahora lo hace el art. 17. 1 del vigente Código Penal de 1995], se convierte en punible, a pesar de que falta la conjunta realización (parcial o total) del hecho. La confirmación de este punto de vista cabe obtenerla pensando qué forma de participación de varias personas en el delito se originaría en el caso de que los conspiradores iniciasen la ejecución o consumasen el hecho delictivo propuesto. Desde el momento en que la conspiración se define legalmente como el <concierto para la ejecución del delito> y <resolución de ejecutarlo>, no hay duda de que si los conspiradores procediesen a realizar efectivamente su proyecto, se convertirían en coautores y, más concretamente, en coautores directos del número 1 del art. 14 [<Los que toman parte directa en la ejecución del hecho>].

En coautores directos porque al concertarse y haber resuelto conjuntamente la ejecución, cada uno asume el hecho como propio. Por eso, ese concierto previo y esa conjunta realización de ejecución, impedirían considerar a los participantes en la conspiración como cooperadores necesarios del número 3 del artículo 14. Pues el cooperador necesario (al igual que el mero cómplice) no realiza el hecho como propio, sino que colabora en el hecho de otro.

[...]

De ahí se deduce que, en definitiva, la conspiración constituye una coautoría directa anticipada, en el sentido de que se convierte en punible a pesar de faltar la conjunta realización objetiva incompleta o consumada del hecho planeado.

La anterior caracterización implica importantes consecuencias. De ella se deriva que serán presupuestos de la conspiración los mismos que constituyen la componente subjetiva de la autoría, **y que respecto a la posibilidad de ser conspirador regirán las mismas reglas que deciden la posibilidad de ser coautor.**

[...]

Por consiguiente, no puede considerarse conspirador quien <no resuelve ejecutar> el delito, es decir, quien no hace suya la resolución conjunta, **sino que proyecta únicamente cooperar –aunque sea con un acto necesario- en lo que sólo admite como hecho ajeno.**

[...]

... concepto legal [de conspiración], desde el momento en que éste requiere el <concierto para la ejecución de un delito> y que los conspiradores <resuelvan *ejecutarlo*>, con lo cual se alude, en nuestra opinión, a una determinada forma de participación de varias personas, a saber: **a una concreta modalidad de coautoría directa.** De ahí que el párrafo primero del artículo 4 no discrimine la responsabilidad de cada uno de los conspiradores, pues de igual modo a como la responsabilidad de los mismos, de existir actos ejecutivos, sería para todos a título de autores del delito previamente concertado y resuelto, deberá ser también uniforme esa responsabilidad **en esta especie de coautoría directa anticipada en que consiste, según la definición legal, la conspiración**»[3.]

- Finalmente, y por sólo citar a un ulterior autor que, dentro del marco de esta doctrina absolutamente dominante, defiende que **sólo es conspirador** quien se concierta para intervenir en el futuro delito **como coautor directo con actos ejecutivos**, me voy a permitir autocitar a quien suscribe este Dictamen que, desde hace casi 40 años, viene manteniendo inalteradamente esa posición:

«De lo expuesto se sigue: **la ejecución a la que hace referencia el art. 4 núm. 1 ha de ser entendida en sentido técnico; por ello, quedan fuera de la conspiración y son impunes los actos no ejecutivos de participación (cooperación necesaria y complicidad) frustrados o intentados**»[4.]

«<La conspiración existe cuando dos o más personas se conciertan para la ejecución de un delito y resuelven ejecutarlo> (art. 4, párrafo 1 [que coincide literalmente con la definición que da ahora a la conspiración el art. 17 del vigente Código Penal de 1995]). El acuerdo debe consistir en comprometerse a realizar actos ejecutivos en la realización del delito; de ahí que sea impune la conducta de quien se concierta para actuar como cooperador necesario o cómplice»[5.]

c) La interpretación restrictiva de la conspiración en la jurisprudencia del Tribunal Supremo español

En el mismo sentido de la doctrina científica de entender que sólo son conspiradores quienes se conciertan para, como coautores directos, intervenir ejecutivamente en el hecho delictivo planeado, se ha manifestado también la jurisprudencia del Tribunal Supremo español, en, por sólo mencionar algunas de ellas, las siguientes sentencias:

- Sentencia del TS de 22 de abril de 1983, A. 2300:

«Su estructura [la de la conspiración] es bien sencilla: dos o más personas se conciertan, pactan o convienen **la ejecución de un delito y resuelven ejecutarlo**, siendo, pues, sus requisitos, la pluralidad de sujetos activos, el <*pactum*> o <*societas scaeleris*>, y, finalmente, la firme resolución de **perpetrar** el delito pactado».

- Sentencia del TS de 24 de octubre de 1989, A. 8475:

---

3   RODRÍGUEZ MOURULLO, en CÓRDOBA/RODRÍGUEZ MOURULLO, *Comentarios al Código Penal*, tomo I (artículos 1-22), Barcelona 1972, pp. 151/152 (cursivas en el texto original, negritas añadidas).

4   GIMBERNAT, *Autor y cómplice en Derecho penal*, Madrid 1966, p. 166.

5   GIMBERNAT, *Introducción a la Parte General del Derecho penal español*, Madrid 1979, p. 107.

«La conspiración, recogida en el párrafo primero del artículo 4 del Código Penal [de 1973], pertenece a una fase del <iter criminis> anterior a la ejecución, por lo que tiene naturaleza de acto preparatorio, y se ubica entre la ideación impune y las formas imperfectas de ejecución, como una forma de **coautoría anticipada** que determinados autores desplazan hacia el área de la incriminación excepcional de algunas resoluciones manifestadas, pero que en todo caso –y <de lege data>- se caracteriza por la conjunción del <pactum scaeleris> o concierto previo, y la <resolutio firme> o decisión seria de **ejecución** ... Puede parecer un contrasentido <prima facie> que se castiguen aquellos acuerdos cuando queda impune la conducta de un solo individuo que, pese a encaminarse hacia la comisión última de un delito, no llega a constituir todavía forma imperfecta del mismo, pero la explicación viene dada precisamente por la mayor entidad y peligrosidad de esa ideación plurisubjetiva que bien tolera dicha denominación de **coautoría anticipada**».

- Sentencia del Tribunal Supremo de 1 de octubre de 1990, A. 7625:

«En consecuencia [en la conspiración], se trata de un acto preparatorio de otro de comisión real y futura, y de ahí que sea una **<coautoría anticipada>**».

- Sentencia del TS de 30 de enero de 1992, A. 607:

«Pero en todo caso siempre habría de admitirse la conspiración, que no en vano ha sido calificada por la doctrina científica como **coautoría anticipada** y que requiere el acuerdo previo entre dos o más personas y la resolución firme de **ejecución**».

- Sentencia del TS de 9 de marzo de 1998, A. 2346:

«... requiere [la conspiración] la concurrencia de una pluralidad de personas, dos al menos, que puedan cada una de ellas ser sujetos activos del delito que proyectan, que acuerdan sus voluntades mediante un <pactum scaeleris> y aparezcan animados por la resolución firme de ser **coautores de un concreto delito**».

- Sentencia del TS de 5 de mayo de 1998, A. 4609:

«La conspiración exige la reunión de dos o más personas que no sólo tienen la voluntad firme de llevar a cabo una actividad delictiva, sino que también tienen una actitud suficiente para **constituirse en autores del delito diseñado**».

- Sentencia del TS de 16 de diciembre de 1998, A. 10316, que califica a la conspiración de «**coautoría anticipada**» (esta expresión de «**coautoría anticipada**» es la que se recoge también en las sentencias del TS de 18 de octubre de 2000, A. 8274, 18 de junio de 2002, A. 7932, y 29 de noviembre de 2002, A. 10874).

V. APLICACIÓN AL SUPUESTO SOMETIDO A DICTAMEN DE LOS PRINCIPIOS QUE SOBRE LA CONSPIRACIÓN SE ACABAN DE EXPONER Y RAZONAR EN LOS APARTADOS ANTERIORES

En su acta de imputación el Ministerio Público imputa al señor Brewer-Carías «participa[r] en la discusión, elaboración y redacción del decreto [del Acta de Constitución del Gobierno de Transición Democrática y Unidad Nacional]», con lo que habría «**conspira[do]** para cambiar violentamente la Constitución», y habría llevado a cabo una «conducta que está enmarcada como delito en el Código Penal Venezolano como garantía de vigencia de la Constitución al establecer en su artículo 144 el delito de <u>conspiración para cambiar violentamente la Constitución</u>» (subrayados en el texto original del acta de imputación).

Como he expuesto y razonado ampliamente en mi Dictamen de fecha 21 de septiembre de 2005, emitido también a petición del Dr. Allan Randolph Brewer-Carías, en el Expediente C-43 no existe **ninguna prueba válida** de la que pueda deducirse que el señor Brewer-Carías hubiera «participado en la discusión, elaboración y redacción del Decreto». Y si, no obstante, el Ministerio Fiscal le imputa a aquél la realización de esa conducta, ello sólo ha sido posible porque se han violado masivamente los derechos de don Allan R. Brewer-Carías a su presunción de inocencia –que no se ha enervado por los supuestos elementos probatorios a los que recurre el Ministerio Público–, a la defensa, y a un proceso justo, equitativo y con todas las garantías.

Pero es que, aun admitiendo lo que bajo ningún concepto se puede admitir, esto es: que, tal como sostiene el Ministerio Público, don Allan R. Brewer-Carías hubiera participado efectivamente en la «discusión, elaboración y redacción del Decreto», con esa supuesta conducta **tampoco habría realizado el tipo de la conspiración para la rebelión**.

La conspiración para la rebelión **tiene que ser puesta en conexión**, como acto preparatorio que es, **con el tipo planeado que se pretende llevar a cabo**, que en este caso es el de la rebelión, definida en el Código Penal de Venezuela como «[alzamiento] para cambiar violentamente la Constitución de la República Bolivariana de Venezuela», constituyendo el **verbo nuclear típico**, por consiguiente, el del alzamiento violento. Pues bien: si dos o más personas se conciertan para **ejecutar** ese delito, y resuelven **ejecutarlo** (esta es la definición legal de la conspiración), entonces, de entre esas personas, **sólo serán conspiradores** aquellos que, pleonásticamente, se proponen intervenir en el delito planeado, **ejecutándolo**, esto es: **perpetrando** la conducta típica (la conspiración es una «**coautoría anticipada**»), es decir: **alzándose materialmente de forma violenta**, mientras que la **supuesta e indemostrada** conducta que se le atribuye a don Allan R. Brewer-Carías no es la de que él mismo hubiera proyectado realizar personalmente ese alzamiento, sino la de, mediante su presunta intervención en la discusión y elaboración del Decreto, **ayudar a los alzados**. Por ello, la supuesta conducta que sin prueba válida alguna le atribuye al Ministerio Fiscal al señor Brewer—Carías, **es atípica, y, por consiguiente, impune**, en el sentido del tipo presuntamente aplicable de la conspiración, ya que éste **abarca únicamente a los que preparatoriamente planean ejecutar, como coautores, el alzamiento violento,** y no a aquellos otros que sin proyectar ser coautores, porque no se proponen realizar el verbo nuclear típico, se asignan –como se dice que habría hecho el señor Brewer-Carías- el limitado papel de «asistir» o «auxiliar» a los ejecutores.

VI. CONCLUSIONES

Primera.- La conspiración es un acto preparatorio –previo, por consiguiente, a la tentativa y, por supuesto, y con mayor motivo, a la consumación- en el que dos o más personas se conciertan para **ejecutar** un delito.

Segunda.- La punición de la conspiración es **excepcional**, ya que la **regla** que rige en todos los Códigos Penales es la de que **los actos preparatorios son impunes**.

Tercera.- Precisamente por esa excepcionalidad, sólo se castiga cuando se trata de la **planificación** de delitos especialmente graves, exigiéndose que la ley penal determine **expresamente** cuáles son esos delitos en los que es punible la conspiración.

Cuarta.- Por acercarse peligrosamente al autoritario «Derecho penal de autor», la interpretación de cuál sea el contenido de la conspiración debe ser, en palabras del Tribunal Supremo de España, «**muy restrictiva**».

Quinta.- Como consecuencia de esa «interpretación muy restrictiva», y de la definición legal de la conspiración («conciert[o] para la **ejecución**», y resolución de «**ejecutarlo**»), aquélla ha de entenderse como una «**coautoría anticipada**», de tal manera que, cuando existe un acuerdo entre varias personas para intervenir en un delito, sólo podrán ser considerados conspiradores aquellos que, de haberse consumado el delito, responderían como **coautores ejecutores** del mismo, quedando al margen de la conspiración, y, por consiguiente, dentro del campo de la **conducta atípica**, quienes, sin perpetrar el delito proyectado, hubieran desempeñado en la consumación planeada el papel de meros partícipes.

Sexta.- Como ya he expuesto en un Dictamen anterior emitido asimismo a petición del Dr. Brewer-Carías, la imputación del Ministerio Fiscal de que aquél habría intervenido en la discusión, elaboración y redacción del Acta de Constitución del Gobierno de Transición Democrática y Unidad Nacional, sólo es sostenible sobre la base de una violación masiva de sus derechos a la presunción de inocencia, a la defensa, y a un proceso justo equitativa y con todas las garantías.

Séptima.- Pero es que, aunque el señor Brewer-Carías hubiera realizado la conducta que arbitrariamente –y con vulneración de sus derechos humanos fundamentales- le imputa el Ministerio Fiscal, **dicho comportamiento tampo-**

co sería típico en el sentido de la figura legal de la **conspiración para la rebelión**, ya que, de las personas que supuestamente se habrían concertado para la rebelión, sólo podrían ser consideradores **conspiradores** –como «**coautores anticipados**»–, quienes hubieran planeado perpetrar el delito con actos ejecutivos –es decir: **quienes hubieran proyectado alzarse personalmente y violentamente para cambiar la Constitución de la República Bolivariana de Venezuela**–, y no quien, como supuestamente don Allan Randolph Brewer-Carías, hubiera planeado **auxiliar o asistir –sin alzarse él mismo violentamente**– a los alzados-coautores. Por todo ello, y aunque el señor Brewer-Carías hubiera realizado el acto preparatorio que le imputa el Ministerio Público, al no cumplir esa conducta el tipo de la conspiración para la rebelión, tampoco habría incurrido en un comportamiento punible.

Este es mi criterio que someto, como siempre, a cualquier otra opinión mejor fundada.

Madrid, 17 de septiembre de 2005

Prof. Dr. Enrique Gimbernat Ordeig

Presunción de inocencia, testigos de referencias y conspiración para delinquir
Dictamen sobre la violación masiva de todas las garantías judiciales en un proceso
basado en referencias dadas por periodistas sobre hechos de los cuales ni siquiera
fueron testigos referenciales
de Enrique Giimbernat Ordeig,
se imprimió en la República Argentina en junio de 2021.